Drengeår og knøsekår

Af samme forfatter udgivet ved
Poul Erik Kristensen 2016 :

Fra min bitte-tid (erindringer)
Hedevandringer (kultur- og naturbeskrivelse)
Vredens børn (roman)
Bondens søn (roman)
Arbejdets glæde (roman)
Vadmelsfolk (noveller)

Jeppe Aakjær

Drengeår og knøsekår

© 2016 Poul Erik Kristensen
Forlag: BoD – Books on Demand, København, Danmark
Tryk: BoD – Books on Demand, Norderstedt, Tyskland
ISBN 9788776916855

Indhold

Udgiverens forord

Jeppe Aakjær (1866-1930) er en af Danmarks store forfattere. Hans første bog blev udgivet i 1897. Herefter kom der nye titler med jævne mellemrum, og flere kom endda i adskillige oplag.

Men tiden går, og retskrivningen ændres. Derfor har jeg i 2016 med nænsom hånd redigeret en række af Jeppe Aakjærs bøger for at fjerne nogle irritationsmomenter for nutidens læsere. Her har mit udgangspunkt været, at hvis jeg var i tvivl om en rettelse, fik Aakjærs egne ord lov til at bestå. Forfatteren har med andre ord hele tiden stået over grammatikken.

Navneord skrives med lille begyndelsesbogstav, med undtagelse af forskellige egennavne ændres aa til å, gamle stavemåder erstattes af nutidens, og enkelte ord erstattes af nye, der er mere forståelige. Endelig er der også hist og her, men bestemt ikke i noget stort omfang, blevet ændret en smule på tegnsætningen.

De fleste læsere vil formodentlig støde på dialektord, som de ikke helt forstår. Som regel vil det ikke betyde noget for forståelsen af helheden, men ellers kan ordet som regel findes på nettet i ordbog over det danske sprog.

Mit råd til læseren skal i øvrigt være: Læs bogen langsomt og med jysk sindighed. Så møder du Aakjærs mange finurligheder.

Poul Erik Kristensen

Degn og præst

Den 7. juli 1879 betegner et lærerskifte i Fly Skole, idet den senile og komplet uduelige Niels Lund, der på det tidspunkt havde svunget tampen i 25 år, afløstes af den 34-årige Niels Jakobsen, der kom fra Gjelleruplund ved Herning, hvor han havde haft den senere så bekendte politiker Je Kaa Lauridsen blandt sine elever.

Jeg gad vide, om andre af mine skolekammerater fra den tid har følt dette skifte som en revolution i deres udvikling. For mig var det det og det til bunds. Hvor husker jeg endnu levende hans indtrædelse i første time! I lysternet sommertøj kom han ind ad en dør, der mundede ud i skolens bryggers. Med et studs: "Godda'!" og uden et blik til nogen af os gik han tværs over gulvet hen til et vindue, som han åbnede på vid gab. Det var allerede mistænkeligt! I Lunds tid havde aldrig nogen tænkt den tanke, at vinduer overhovedet kunne åbnes. I denne ene handling var den ny tid.

Der gik minutter, inden han sagde et ord til os, imens gik hans øjne søgende og hårde hen over vore sænkede hoveder; han så nærmest vred ud. Vort rygte som ualmindelig uartige drenge var for længst nået til ham. - Den komedie holdt han gående det meste af dagen. Når han vendte ryggen til, meddelte de kækkeste sig til hinanden hviskende. Han så jævn frisk ud i næverne. Det var vist ikke rart at komme ud for hans lussinger. Jakobsen havde drejet sig på hælen som en port i blæst. "Jeg syntes, der var nogen, der sagde no'!" De hviskende overskylledes af rødme. - Det var da et forfærdeligt menneske! Kunne han høre det! Der var nok ingenting i vejen med ørerne heller, sådan som med den halvdøve Lund, der altid lugtede af kamfer fra ørevattet. - Nu indtog han en udfordrende holdning og sagde: "Jeg ved nok, hvad I er for nogle krabater; det går

der skej af viden om. Men prøv ikke på at spille mig på
næsen! Da vil I komme slemt op at køre! Men er I lydige
og lærelystne børn, da skal vi blive de bedste venner af
verden!"

Så begyndte han at fortælle for os. Nej, nu stod verden
ikke til påske! Degnen fortalte eventyr - i skolen! Ja, ikke
nok med det, han fortalte også bibelhistorie, danmarkshi-
storie, geografi! Alt fortalte han. Det hændte, at vi sad i et
skrupgrin, sådan fortalte han. Og han havde tilsyneladen-
de ikke noget imod, at vi slog en skogger op. Det var sim-
pelthen ikke til at begribe. "Ja, men sætter han jer nogen
lektier for," sagde forældrene. Nej, det var ikke meget.
"Det er da vist en ringe degn, vi har fået," sagde adskilli-
ge, "han sætter ikke børnene lektier for. Hvad sidder de så
i skolen og glyner efter?" –

Lærer Niels Jakobsen var i ingen henseende genial,
tværtimod ret middel i det meste. Men han var en gen-
nembrav og kernesund natur, retvendt uden alt spræl, og
på den ham egne stilfærdige måde kom han til os som
bæreren af en helt ny tid, ikke blot hvad pædagogikken
angik, men også i hele sin folkelige stemthed. Han hørte
til de landsbydegne, der ikke indskrænkede deres virk-
somhed bare til børnene, om end deres trang først måtte
imødekommes. Men han var så ærligt interesseret i hund-
rede almene ting, der kan gavne og hjælpe en befolkning,
og han var af de sande agitatorer, der virker stærkere ved
eksemplets magt end ved ordrige foredrag. Det første, der
hændte i skolen, var anskaffelsen af nye læsebøger; de
gamle var slidt i modbydelige laser, så ingen nogensinde
havde set bogens titelblad. Efter læsebogen fulgte alle de
øvrige: sangbøger, som skolen aldrig havde ejet tidligere,
regnebøger og hvad der ellers kan nævnes. Sognerådet og
forældrene begyndte somme tider at knurre over de nye
udgifter. Under Lund havde der overhovedet ikke været
udlæg til andet end griffel og tavle og nu og da en stålpen;

men Jakobsen forlangte både geografi og fædrelandshisto-
rie. De gamle måtte nok spørge, hvad det skulle gøre godt
for. De kendte end ikke disse navne. Hvad mon geografi
var for noget? For fædrelandshistorie - det måtte vel være
om Frederik den 6., og hvad der var sket i otteogfyrre.

Så længe udgiften drejede sig om katekismus og salme-
bøger, lukkede de munden om skråen og deres knurren,
for det var da Guds ord, og det skulle ens børn jo ikke
afholdes fra, det var ikke sært! Men alle disse her nymo-
dens påfund, nej, her måtte holdes noget igen!

Den nye lærer blev snart samtaleemne ved gilder og
kaffesladder, hvor han ikke selv var til stede; men Jakob-
sen blev ved sit; stille, men bestemt. Og efterhånden fik
han også sit skoleinventar kompletteret i al tarvelighed. -
Hver dag under den nye lærers undervisning blev mig en
oplevelse. Jeg havde kun et år tilbage af min skolegang,
da Jakobsen blev lærer, men dette år fik hundredfold mere
værdi for mig end alle de seks foregående tilsammen. Det
varede ikke længe, før Jakobsen i mig fandt sin yndling,
som han forkælede og viste opmærksomhed i høje måder,
også uden for skolegangen. Var det om vinteren, og jeg
havde tid dertil, tog han mig med ind i sin private lejlig-
hed og gav mig anvisning på de af mig så attråede bøger,
der stod i hans ikke videre omfangsrige reol. Inden længe
var jeg snart lige så fortrolig med hans hjem som med mit
eget. Jeg stod foran hans bogskab som foran et alter og
lod de herlige skatte gå gennem mine bævende barnehæn-
der. Jakobsen var ikke selv meget læsende eller bogkøb-
ende, det forbød en skolelærers løn i de dage. Men jeg
syntes da, det var en farlig hoben bøger, og hvor var det
nyt og spændende at blade i dem; for det var jo hverken
bønner eller salmer eller skriftsteder, men virkelige roma-
ner og fortællinger af Ingemann, Blicher, Carit Etlar, og
jeg måtte læse i dem alle sammen, som jeg ville, og længe
varede det ikke, så måtte jeg også låne dem med hjem!

Jeg fik ingen formaninger med i købet, så det har han vel anset for ufornødent. Men det lovede jeg mig selv, at jeg rigtignok skulle behandle bøgerne pænt og skjule dem for karlene derhjemme, hvad der jo nok blev det sværeste. Nu så jeg mit liv og min fremtid som en lang allé af lyse dage, hvor jeg skulle fordybe mig i min kære lærers bøger, der sikkert ville have de skønneste ting at sige mig. Ak ja, Jakobsens bøger skuffede mig ikke, og Jakobsen selv rakte mig dem hver én med et smil.

Jeg tror såmænd ikke, der var nogen videre plan i hans udvælgelse, men det var som sagt gode ansete digternavne. Jakobsen nærede ingen betænkeligheder, og jeg levede i en evig henrykkelse, et solderi af romantiske skildringer og digterfantasier fra Valdemar Sejrs og Røverstuens og Gøngehøvdingens rige og veldækkede bord.

Imens prægede Jakobsen sin skole med den nye ånd. Tamp eller ris var ord, vi ikke mere kendte i skolen. Jakobsen havde en stille, fortættet måde at nærme sig en uartig dreng på. Egentlig tror jeg nok, han var et hidsigt gemyt. Men han havde i hvert fald i disse første år en selvbeherskelsens gave, der var beundringsværdig. Han havde bare behov for at stille sig tavs i høj figur foran synderen og se hvast på ham, - selv om der var tale om aldrig så kry og kovte en dreng, så "sak æ måg" i ham, som jyden siger. Om der var blevet uddelt en eneste ørefigen i klassen i disse år - vi kunne ikke være blevet mere forbavset, om stuens rustne kakkelovn var trimlet ud over gulvet.

Det var Kristen Kolds ånd, der her virkede i praksis. Rundt om i sognene udenfor blev der endnu både riset og pryglet for et godt ord. Hyrdedrengenes hjælpeløse gråd og jammer hørtes til stadighed i de stille sommeraftener, når de fik deres stryg ved hushjørnerne for en eller anden forsyndelse i dagens løb. Men det varede ikke nu så farlig længe; i hvert fald fra i midten af firserne var alt det prygleri forsvundet fra egnen uden i enkelte få og brutale hjem, og det var Jakobsens og hans nye overbevisende læremådes skyld. Men det var ikke det eneste, hjemmene tog op efter skolen og dens reformflinke lærer.

Niels Jakobsen tændte det første juletræ, der lyste der på egnen. O, hvor det var festligt! Den friske ranke julegran med de mørkegrønne farver var kommet fra den rare Jens Kjærgaard, den eneste flybo, der havde en plantage. Degnekonen var en stor virtuos i at pynte træet. Af alle de vidundere, jeg senere har set, har intet kunnet måle sig i glans med dette. Forældrene fik jo indbydelse sammen med børnene, og de mødte fuldtalligt; for inderst inde var jo også de børn, der tørstede efter at opleve noget nyt. Fattige koner helt ude fra sognegrænsen på den vejløse hede havde lydt kaldelsen og stod nu med de sorte tørklæder om hovederne og i de kønrøgssværtede træsko og så med glippende øjne op i julestjernen. Og Jakobsens gode hænder trak dem ud af krogene og fik dem til at gå i rundgang - klimp! - klamp! - sammen med deres børn, mens alle sang:

> "Glade jul,
> dejlige jul,
> engle daler ned i skjul!"

Jo, sandelig, dette var jo som i himlens rige, hvor der ingen forskel skal være mellem rig og fattig! -

Jakobsen var uden for sin skoletid en ualmindelig flittig mand. Hans læsning indskrænkede sig sikkert kun til de kortvarige forberedelser til næste dags undervisning; især hvis der skulle fortælles geografi eller danmarkshistorie, forsømte han aldrig at sætte sig ind i stoffet. Men ellers færdedes han mest udendøre, passede med flid sine køer og sin skolelod; det var jo dengang en ret betydelig del af en degns løn, og så vendte hans hænder så godt på ham til al slags håndværk. Han lavede de fleste af sine egne møbler; han var en lidenskabelig husflidsmand, men allerstærkest brændte hans interesse for haven og plantningssagen. Det var en interesse, han havde fået afstivet længere sønder på, hvor han kom fra, og hvor hedeplantningen på det tidspunkt for længst havde taget fart. Sådan fik Jakobsen stor betydning i min hjemegn for havekulturen. Han anlagde selv en mægtig skolehave imellem Fly Skolebygning og kirkegårdsdiget, hvor den står endnu. Og snesevis af de gamle, forblæste gårde rundt i sognene begyndte at plante læ omkring hjemmene og anlægge både køkken- og blomsterhave og fik al tænkelig oplysning og hjælp af Jakobsen. Han blev Hedeselskabets betroede mand der på egnen, så befolkningen hos ham kunne opnå planter både til hegn og have på billige vilkår eller helt gratis. En vældig hedebrand, som i 1881 hjemsøgte Fly Hede, og hvor jeg selv som nykonfirmeret deltog i slukningen, gav Jakobsens plantningsideer vind i sejlene. Her arbejdede han godt hånd i hånd med den unge flammende bonde, Per Odgaard fra Tastum, om hvem jeg siden vil få adskilligt at fortælle. De fik oberst Dalgas kaldt til stede, og med basis i den brændte hedestrækning rejste der sig nu rundt om på bakker og afsides hedelodder den ene plantage større end den anden. Her var det altid Jakobsen, der stod ved den begyndende flamme med pusteren. Han lærte de søvnige bønder og deres sønner at tage livet af de endeløse vinteraftener ved at give deres hænder noget at sysle med. Husfliden rykkede ind i hjemmene med rammesav og tollekniv. Jeg var selv et par vintre stærkt optaget af at udskære fotografirammer eller små husholdningsgenstande efter de N. C. Rom'ske mønstre. Sådan blev mangen en dum og kold kalkvæg pyntet gennem lærer Jakobsens jævne kunstflid. Så holdt han aftenskole for ungdommen, hvor de unge karle fik lært lidt regning og stavning, og hvad jeg især kom til at nyde godt af: Her læste han højt for os.

Uforglemmeligt står det par aftner for mit minde, da han læste Blichers "Æ Bindstouw", som jeg her første gang stiftede bekendtskab med. Jakobsen var slet ikke nogen god oplæser, så lidt som han kunne kaldes nogen god fortæller, men det var jævnt og tilforladeligt, hvad han præsterede, og ingen af os havde nogen sinde hørt det bedre. Det varede ikke så længe, så fik han også lyst til at samle de ældre til møder i skolen. Her talte han hyppigst om fromme materier. Det var Grundtvigs livssyn, han lagde frem for sine tilhørere, formodentlig som en modvægt mod den omsiggribende Indre Mission. Jeg tror, at det, der lokkede folk til disse møder, først og fremmest var den nye sang; Grundtvigs salmer og sange, der banede vej ind til hele den øvrige sangskat i Morten Eskesens Sangbog, hvilken bog i en overordentlig grad prægede hans skole og hele den daglige undervisning. Det varede ikke længe, så blev skolen for trang til disse møder, og således blev Jakobsen her anledning til, at sognet fik et forsamlingshus. Kort sagt, han brød nye veje - om end altid i stor stilhed - næsten på hvert område, og jeg fulgte hans færd med uskrømtet interesse og de varmeste øjne. Han var mig i disse år som en uadskillelig ældre kammerat, som jeg så op til i dybeste beundring. Jeg syntes den dag var spildt, da jeg ikke havde været i skolen eller i hans hjem. Mine forældre blev til tider lidt urolige og vripne, når jeg ikke kom hjem til maden eller forsømte mine hjemlige pligter i lo og stald. Det hjalp jo, at de vidste mig i gode hænder, og det smigrede dem vel også en kende, at degnen gjorde så meget ud af deres søn.

Nu nærmede sig den tid, da jeg skulle ud af skolen; men først skulle jeg gennemgå konfirmationens skærsild og lære en bunke remser, hvad Jakobsen ikke havde forlangt. Nå, jeg havde jo ikke helt glemt øvelsen fra gamle Lunds sørgmodige tider. Jeg kom også snart i kridthuset hos præsten ved at kunne det hele på en prik og give de svar, som han selv omhyggeligt havde stoppet ind i os.

Denne præst, Andreas Winding, var den særeste kegle, der har stået på en prædikestol. Han var kommet til sognet omtrent samtidig med Jakobsen, men var hans diametrale modsætning i småt som stort, gammelkirkelig, konservativ og forbenet indtil det latterlige. Han vakte konfirmandernes ringeagt ved at vise sig under overhøringen med store huller på strømpe-hælene og i en kittel, der var fuld af plamager fra øverst til nederst. Han var en lille, lavbenet person med et rødligt fuldskæg. Når han gik, skød han brystet unaturligt frem som en kurrende handue. Øjnene så ud, som havde han knebet dem helt i, så vi imellem troede han sov; men skam slå ham! Hvis én under overhøringen foretog sig det mindste, kunne han lynende hurtigt rette dem imod én og se faretruende ud. Manden var som sagt en særling, en fortumlet københavner-pedant, der var kommet herover til denne landlige præstegård i Vridsted og nu ville forsøge sig i alt det, som Vorherre havde nægtet ham evner til. Den sommer, jeg gik til præst, drejede al hans lidenskab sig om at male, - vinduer, døre, vægge, alt i det store hus blev oversmurt fra øverst til nederst. Præsten dyppede med bred pensel, han selv var ikke den, der fik mindst, og hans ulykkelige kone eller pigerne - ingen kunne røre sig, før de hang fast i præstens maling. Aldrig så snart havde han malet en væg grøn, så så han, det alligevel ville klæde den bedre, om den var rød. - Sådan kunne han gå og fedte den hele sommer hen bare med at male et par stuer. Et andet år var hans interesse havevæsenet Han læssede gødning på trillebøren, kørte lange veje over den skumplende stenbro med sit møglæs, så ud værre end nogen møgbonde, store træsko havde han på fødderne, og grimet i ansigtet var han for både to og tre. Men han var som havemand, hvad han var som malermand: Havde han i år plantet en række stikkelsbær, kunne man være vis på, at de næste år måtte give plads for ribs eller solbær. Der var aldrig noget, der fik lov til at slå rod, før det blev revet op igen. I hans landbrug var det nøjagtig på samme måde.

Som præst var han endda ringere. Den døende ville nødig tage oblaten af hans hånd, da det påstodes, at han ikke havde vasket hænderne, siden han havde givet svinene. Hans prædikemåde var lattervækkende. Folk sad med et ilde dulgt smil allerede ved anslaget. Winding begyndte de fleste af sine prædikener med et: "Når det er at" - - f.eks.: "Når det er at - vi mennesker - vander - i vor have, - hvad er det ikke for - en vanden; men - når det er at - Vorherre - som er i himlen - han vander - i sin have ... ." En sådan prædiken havde han dog med stor møje skrevet ud af mindst 50 postiller, der stod til hans rådighed på hylden; thi han havde virkelig mange bøger, men det havde ikke sat noget spor i hans åndsliv. Han vakte konfirmandernes munterhed ved at betone visse højbibelske ord på den snurrigste måde, således udtalte han Loths navn, nøjagtig som vi med vor jyske snabel var vant til at udtale et bæ-ord.

Men jeg havde til en begyndelse intet at klage over. Jeg blev snart den samme kæledægge hos præsten, som jeg var hos degnen. Når de andre gik hjem, blev jeg holdt tilbage, da der var en eller anden bog, som præsten ville vise mig og glæde mig med. Det vanskeligste var næsten at finde en plads i huset, hvor man kunne sætte sig uden at få maling på tøjet. - Han havde lange rækker af den "Illustrerede Tidende" i sorte bind. Jeg har altid været en hund efter billeder, og disse bøger var det en stor svir at blade i for en bondegut, der så sjældent så et billede. Men præsten svang jo sin malerkost rundt om, snart til siden, snart over ens hoved, så man vidste aldrig, når man fik en klat ned i parykken. Nej, så var der rigtignok tryggere nede hos præstefruen. Bedst som jeg sad og læste i den store bog, stak hun hovedet ind ad døren og nikkede venligt til mig. Hun havde også fattet interesse for mig. Hun havde et lille hyggeligt rum bag ved køkkenet, der fik hun mig tit anbragt, og så kom hun med kaffe og Bjørnsons fortællinger: Synnøve Solbakken, Arne, En glad Gut! Det skal jeg aldrig glemme hende. Da jeg fandt verset: "Kildebukken, lammet mit" og læste det igen og igen, da stod der varm sol over præstegårdens vinduer, så det lyser langt ind i mit sind; den dag i dag.

Den gode, ærlige fru Winding! Hun kendte min barnetrang og vidste at finde den rette næring for den. Bjørnstjerne Bjørnson har siden den dag hørt til de forfattere, som jeg stadig tyede til. Hans sange stod jo i hobetal i Morten Eskesens Sangbog, som vi daglig brugte i Jakobsens skole. Hver dag lærte vi nye på friske melodier, der gik jublende ind i min unge sjæl på tonerne af lærerens violin. Fru Winding ejede også andre bøger, som hun lagde frem til mig, efter at lektierne var overstået hos præsten, men jeg sagde altid: "Nej, må jeg ikke nok få Bjørnson?" Sådan blev jeg på et tidligt tidspunkt hjemmevant i hans skønhedsmættede novellekunst. Og derfor kunne jeg takke fru Helene Winding.

Hun var et fint og herligt menneske, der på et sent tidspunkt af sit liv blev gift med denne særling, med hvem hun tilsyneladende ikke havde det ringeste tilfælles. Hun havde en frisk og naturlig intelligens i modsætning til manden, der var vissen og udgået. Hun havde også en naturlig smag for litteratur og kunst, var livfuld og frejdig og kunne interesseres for enhver sag. Ved sit elskelige naturel forstod hun i en håndevending at vinde alle mennesker. Hun ville gerne ud til bøndernes gilder, sad der i sin fornemme, klædelige dragt og øste suppe op eller skar stegen for for enden af langbordet i bøndernes lavloftede og frygtelig beklumrede stuer. Sad time efter time ved disse ulidelige overfyldte slægtsgilder og ventede stoisk langt over midnat på sin mand, præsten, som ikke kunne blive færdig med at spille kort med bønderne, der skogrede og ærtede ham, slog i bordet for næsen af ham og råbte, så det klirrede i punchekopperne: "Nu er du, satan mæ, bét, præjst!"

Den kloge frue, der betvang sin søvnighed og sin lede ved det grove selskab, holdt øje med de spillende og så udmærket, at man havde hendes mand til bedste. Men der var intet udkomme med ham. Hun blev i dette forhold altid den firende. Til sidst opgav hun enhver egenvilje, flød hen, lod sig udslette, var bare præstefrue, en slags tilbehør, ved hvis kuvert man lagde den store suppeske. Så langt kan resignation føre et ualmindeligt, livsstemt, intelligent og fint begavet menneske. Men i det første årstid, efter at hun kom til egnen, da virkningerne af hendes husbonds tvang endnu ikke var så kendelige, var hun mig en ulig og varmhjertet hjælper og vejleder.

Under min konfirmation blev jeg flittig ved at benytte min ret til at vælge blandt lærer Jakobsens bøger. En dag fandt jeg således på hylden Blichers digte. Hvor blev det en skøn dag! Især droges jeg af de jyske og de spøgefulde. Her så jeg for første gang visen om Mads Doss; og en vise som: "Der var engang en riddersmand" med det løjerlige omkvæd "Pylle, pylle, pylle", tog især mit drengesind. Det mindede jo en del om min egen mors børnerim, som jeg ikke ganske var vokset fra endnu.

De alvorlige og sorgmættede blandt Blichers digte måtte jeg lade ligge til en modnere alder. Men Blichers noveller var også mellem degnens bøger og skabte mig festlige timer. På væggen i degnens stue, hvor jeg sad og læste, hang lige for mig Blichers portræt, mens jeg vendte blad på blad i hans novelleskat - Røverstuen, Hosekræmmeren, Marie og hvad de alle sammen hedder, de skønne noveller, der er sammengroet med enhver brav jydes rod. Og når jeg havde nydt et særlig skønt kapitel, der havde næret min egen lønlige, men endnu ubevidste digtertrang, så jeg op på hans billede der på væggen lige for mig, og det var som han smilede til mig og sagde: "Læs du bare videre, min dreng! Det er for dig og dine lige, jeg har skrevet det!"

Som jeg tidligere har berørt, fulgte lærer Jakobsen ikke videre med i hvad nyt, der udkom, hverken af bøger eller blade; men han og præstefruen var dog blevet enige om, at de i fællesskab skulle holde "Ude og Hjemme", et højmoderne ugeblad, der indtog en førende stilling inden for den radikale og realistiske retning i litteraturen. Det var nu sikkert en misforståelse af de to kære sjæle, der begge i det allermeste var godt bornerte og let fandt deres grænser både i religion og moral. Det varede også kun et kvartal ud, så havde bladets udprægede modernisme stødt dem så kraftigt for brystet, at det blev afsagt. Men i den korte tid, da det fornemme, billedskønne blad hver uge dalede ned foran Jakobsens kakkelovn, havde jeg med min barnefod stået på tinderne af den nye tid og ligesom i et glimt set ud over det digtningens og poesiens højland, som det først nogle år senere blev forundt mig at betræde.

I et af de numre af "Ude og Hjemme," som det faldt i min lykkelige lod at læse her i degnens stue, nemlig bladet for 27. november 1881, fandt jeg et billede indrammet af en skamrosende omtale af Bjørnstjerne Bjørnson, der allerede på det tidspunkt stod for det grebne barnesind som en sangergud, der daglig fyldte mit bryst med lykkeskælven. Skønt jeg kun kendte Bjørnsons sange fra Morten Eskesens Sangbog, kunne jeg ikke tænke mig noget lysere og skønnere, og den dag i dag, hvor jeg har gennemvandret alverdens skønhedsudfoldelse af poesi og sangkunst, er jeg stadig af den opfattelse, at en herligere, en renere, en mere løftende og ungdommelig betagende sang, lige rig ved sin følelses dybde som ved sin nynnende, indsmigrende rytme-ynde, ejes ikke af noget folk. Jeg så på dette billede med mine unge, næsten afguderisk tilbedende drengeøjne. Det var netop sådan, jeg havde ønsket, han måtte se ud. Og han var jo ingen afdød skygge, men et spillevende, stærkt og blodrigt menneske, der færdedes husvant blandt Norges fjelde, og, som der stod i den ledsagende artikel, "gik splitternøgen ind under fjeldfossen og tog styrtebad i sit fædrelands kraft og kulde for at hærde sine bjørnekræfter til ny, sund sang og vældige basketag for Norges frihed."

Den artikel og det billede lå trofast i mit sind, indtil jeg i 1887 på Askov fik rig lejlighed til at sammenligne det med originalen, den levende, den stærke, den mægtigt agerende og talende Bjørnstjerne Bjørnson, hvis personlige fortryllelse bragte alle selv nok så gode afbildninger i glemme. Artiklens forfatter havde beskedent undertegnet sig med et -ie --. Nu ved jeg, at den senere så kendte højskolemand, Grønvald-Nielsen, Vestbirk, var den begejstrede og skønne artikels ophav.

Selv om lærer Jakobsen tog monnet, hvad min boglige opdragelse angik, slap pastor Winding ikke derfor sit tag i mig. De havde øjensynlig begge allerede på dette tidspunkt noget til ords med min fremtidige uddannelse. De hviskede nu og da efter kirkegangen forborgent med min far om sagen. Men far bad skånsomt for sig, som den fattige mand han var. Han så ingen udvej til nogen som helst boglig ekstravageren, hvad hans børn angik. Men den stædige pastor Winding lod som ingenting. Han ville nu have min ringe person ophøjet til degn, når den tid var; og det var bedst, mente præsten, at knægten begyndte disse studier i tide.

En dag kom der så en stor pakke fra boghandleren, Rybner Pedersen i Skive. Det var midt i høhøstens tid. Hvad kunne det dog være for en umanèrlig stor tingest, som posten havde hevet op på langbordet? Pakken blev åbnet, og en hoben pænt indbundne skolebøger, deriblandt et kæmpeatlas, kom til syne. Far, der havde travlt for at komme ud til høet, ragede med sin benede hånd i den uvelkomne bogpakke. Hvem havde sendt de bøger, og hvad vedkom de ham? Ikke et ord fulgte med til vejledning, men en regning rakte tungen ud af atlas'et, et af de af far så afskyede "krævbreve". Jeg husker nøjagtigt summen, som far krævedes for: 21 blanke kroner! En mægtig sum i mit hjem. Far dansede ril(hurtig dans) af harme og snød larmende sin næse. Hvad fanden var dette her endda for nogle kæltringkunster! Hvem havde haft den forvorpenhed at sende ham bøger, som det aldrig kunne falde ham selv ind at bestille? Det var nok den satans præst, som havde så mange kixer for med Jepp'!

Heldigvis stod jeg i passende afstand, ellers havde jeg fået en ørefigen, skønt jeg var lige så uskyldig som far selv i denne handel. Far larmede op, at han hverken ville eller kunne betale disse bøger, som ingen havde talt med ham om; og skønt det egentlig var hans natur imod at forskertse præstens ønsker, "tho manden mente det jo for det bedste," blev bøgerne dog pakket ind igen og sendt retur, som den misforståelse de var.

Jeg skal ikke nægte, at jeg med lange øjne så efter de smukke, nye bøger. Men jeg kendte jo hjemmets tarvelige kår og forstod nogenlunde godt min fars forskrækkelse.

Fra præsten hørte vi ingensinde, hverken forklaring eller undskyldning. Selv efter dette mislykkede forsøg på hovedkulds at gøre en vismand af mig og skubbe mig baglæns ind i kundskabens tempel, ophørte præsten ikke at velsigne mig med boglig viden gennem sine egne reolers rigdom. Han havde nu en anden smag end hans damer; hans respekt for skønlitteratur var såre minimal; men en dag kom han og stak mig et fint indbundet eksemplar af Frederik Barfods "Fædrelandshistoriske Fortællinger" i hånden. Før han rakte mig bogen, strøg han den kærligt over den smukke forgyldning. Det var et fint lån og derfor et betroet lån. Sådan følte jeg det også selv, og jeg gik stolt hjem med præstens smukke bog sirligt indsvøbt i "Viborg Stiftstidende".

Nu ventede der mig mange frydefulde timer sammen med den udmærkede bog. Lærer Jakobsen havde jo nok i skolen fortalt os danmarkshistorie, men knap nok med det liv og aldrig i den udstrækning, som her hos Barfod. Hver aften derhjemme, når jeg, for at de andre kunne sove, af mor var blevet anmodet om at slukke mit lys, gemte jeg omhyggelig bogen hen, for at den ikke skulle plettes af vanhellige hænder.

En snevejrsdag havde jeg anbragt mig ved langbordet, endnu før det var blevet skuret efter davren. Min søster Margrethe, der var 4-5 år ældre end jeg og havde indsuget sin part af hjemmets fjendskhed til min alt for omsiggribende læsning, begyndte, inden jeg kunne sanse til at salvere mig og bogen, at blarpe hele styrt af skoldhedt vand ud over bordpladen. På en gang råbte hun i tøsevorn kådhed og dril: "Kan du snart få din moged bog samlet til dig!" I det samme gav hun Barfod med den hånd, hvori hun holdt den våde karklud, en sådan singeldus, at den reves ud af mine hænder og tumlede ind under bænken i det søle af snesmeltning, som folkene havde siddet i med deres træsko. Jeg samlede den skammeligt forhånede bog op under vredestårer. Dens blade var tilsølede, og det smukke bind havde fået en gabende revne i ryggen.

Det hører til mit livs tungeste øjeblikke, da jeg måtte aflevere præsten hans elskede bog i denne forfatning. Jeg så, hvordan hans ansigt mørknedes i tilbagetrængt vrede, og mine stammende forklaringer overhørte han ganske. Jeg tror, han tabte det meste af interessen for mig og min fremtid fra denne stund.

I præstegården var der nu også andet end bøger, der kunne fange ens sind. Fru Winding havde en pige med sig, da hun kom til Vridsted, jomfru Nielsen blev hun kaldt efter den tids sprogbrug. Det var en høj og kraftig blondine med et liv og humør af den anden verden. - Altid lo hun, altid sang hun. Hun bevægede sig i sit køkken med kække elastiske, men faste skridt. Håndelag havde hun til alt det, hun blev sat til, og hendes friske kinder og smukke, varme øjne talte højt om sundhed og sindsligevægt. Som det livstykke, hun var, gik hun ikke af vejen for en rask dans ved bøndernes julegilder, hvor hun var en hyppig og kær gæst. Det hændte også, at hun i jublende kådhed greb min usselig bitte person i armene og midt på køkkengulvet hvirvlede mig rundt mellem gryder og pander i en susende galopade. Hun var forlovet med en beget sømand, en samsinger, der færdedes på de fjerne have, men - efter hendes udsagn - snart ville hjem og gifte sig med hende, hvad jeg fandt meget rimeligt. Hun gik altid med hans portræt ved sin barm og trak det for et godt ord frem ved gildesbordene og lod det cirkulere mellem gæsterne. Hun var så fuld af kådhed og ungdommelig pigeglæde og sød, løndomsfuld forventning. Når sømanden, med huen kækt på tre hår, kom til de danske strande, da ville hendes bryllup stå under Samsø, og da skulle der ingen ende være på jomfru Nielsens lykke. Men sømanden var langt borte, vistnok adskillige mil på den anden side linjen, og jomfru Nielsen skulle have udladning for sin livsglæde hver dag. Hvad skulle hun gøre med al denne livsens varme, der bølgede igennem hendes blod! Så slog hun også engang imellem de stærke, runde arme omkring mig og trykkede mig op til sig, mens hun forsikrede mig om, at jeg var den sødeste bondeknold der i pastoratet. Alt sammen på skrømt, bare fordi der nu ikke var noget andet og bedre at trykke til det bespændte bryst. Og når jeg havde siddet lovlig længe over "En glad Gut" i præstefruens hyggelige kabinet, så vintermørket havde sneget sig ind i gården, og natten var nær, fulgte den kære jomfru mig tit den lange, bugtede vej ad hjemmet til og forlod mig ikke, før jeg havde fundet banet sti; og med et venligt klap på min kind sagde hun godnat; og når jeg vendte mig om, stod hun ved vejsvinget og tilviftede mig et sidste farvel, før mørket lukkede sig om os begge. Sådan også den sidste kvæld, jeg så hende. - Hendes sømand var kommet til landet og havde sendt hende sit bud uden varsel. Bare to-tre dage om at gøre, så ordnede hun alt i præstegården og rejste sporenstregs for at kaste sig til sin elskede sømands bryst.

Alt det hændte mellem to præstedage. Ad omveje havde jeg fået at vide, at i dag rejste jomfru Nielsen fra egnen! Jeg gik ud og fandt et ensomt sted mellem duggede skræpper, hvor jeg fortvivlet fremhviskede min uudslukkelige sorg. Jeg hulkede, som det barn jeg var, og syntes ikke, at livet var værd at leve uden den højbarmede jomfru Nielsen. Siden må jeg vel være kommet på bedre tanker. Men endnu i stille stunder kan mindet om den høje, skønne kvinde med den uudtømmelige livsglæde og hendes strøg over min barnekind bringe vemodens tårer til at dugge mine øjne.

Den kære jomfru Nielsen, der i mangt og meget havde et sind i slægt med mit eget, når det er bedst, kom næppe altid til at danse på roser. Hendes mand blev lods, jeg tror i Horsens; hun fødte ham en hoben børn. Kårene var små til den store flok. Livets sorger knækkede også hendes mod. Hun døde alt for tidligt, når man tænker på den sundhedskapital og den tilsyneladende uudtømmelige fond af livsmod, som hun havde at tære på. Jeg har aldrig set hende siden den konfirmanddag, og heller ingen af hendes talrige børn. Men jeg kommer aldrig forbi Vridsted Præstegård, uden at mindet om hendes lyse skikkelse nynner i mit hjerte.

Den 3. oktober 1880 blev jeg konfirmeret i Vridsted Kirke. 8 dage efter var jeg til alters; så vidt jeg ved både første og sidste gang i mit liv. Min stadige kredsen de forudgående år om katekismus og religiøse forestillinger havde rejst en art religiøs springflod i mit barnesind. Mit hjem var omkring den tid blevet noget hærget af Indre Mission, der lå grumme lidt for min far, men til gengæld passede min mor med hendes tunge og uglade livsbetragtning ret vel. Det er ubegribeligt, at hun overhovedet nogen sinde kom ud af Missionens væv. Jeg tænker ligefrem, at den visnede i hende af mangel på næring. Mor havde altid så travlt. Hun kunne ikke få tid til at løbe til vennernes evige kaffekomsammen og bønnemøder, hver gang en missionær havde forvildet sig ned over bakkerne, og far havde hverken tid eller lyst til at skifte klæder og tage sine stive støvler på for den ting. Så fik de tage til takke med den gode, gammeldags kristendom, som den var, og som kunne dyrkes i ens gamle bukser, om så de havde nok så store bødeklude. - Men omkring min konfirmation var der sluppet noget usundt og flæbende ind i hjemmet, der om søndagen holdt mig lænket til stuen og gudsordet, mens kammeraterne legede. Jeg havde en god, klangfuld røst, og det var mine forældre en udsøgt glæde at lade mig læse et stykke af prækensbogen eller et kapitel af evangeliet, hvad jeg udførte med megen salvelse. Jeg følte mig ligefrem som en anden indremissionær i lommeformat. Den gamle, tilvante postil blev på dette tidspunkt vraget for Ludvig Harms; han var skrappere og talte så overbevisende om det evige helvede og fordømmelsen, dersom man ikke omvendte sig i en ruf; så det var jeg ikke sen til! Sådan sad jeg og flæbede med forældrene og lagde bævelse i stemmen, når jeg læste op af St. Paulus og hans brev til de korintere. Ja, i den grad gik jeg op i rollen som Guds ords forkynder og udbreder, at jeg også søgte uden for hjemmet. Gik så småt præsten i næringen og sad hist og her ved sygesengen hos gamle, forladte stakler og læste højt af evangeliet som derhjemme og sang salmer med min skingre barnerøst, der endnu ikke havde passeret overgangen.

I Missionens vold kom jeg dog ikke helt. Jeg arbejdede mere for egen regning, mest for at skaffe gamle, syge og forglemte aftægtsfolk "en glad aften". Jeg husker især et gammelt, forsømt kvindemenneske, der på kommunens regning var indkvarteret hos vor nabo, gamle Iver Larsen. Hun lå nu til stadigbed i sengen og hostede tungt og lidelsesfuldt. Hun var meget glad ved mine små besøg. Jeg havde min konfirmationssalmebog i lommen og sang for hende, hvad jeg fandt passende. Min yndlingssalme dengang var: "Hil dig frelser og forsoner" med dens mægtigt duvende melodi, der gik alle de gamle og lidende til hjertet. Endnu ser jeg for mig den gråhårede kvindes blanke og tårevædede øjne stirrende op på mig fra puden, når jeg sang:

> "Skønt jeg må som blomsten visne,
> skønt min hånd og barm må isne,
> du, jeg tror, det så kan mage,
> at jeg døden ej skal smage.
> Du betalte syndens sold."

Men nu så det ud til, at det skulle blive til alvor med de planer, som den gode lærer Jakobsen havde med min fremtid. Præsten hørte jeg aldrig mere fra efter hint uheld med "Barfod", der gled under bænken. Lærer Jakobsen vedblev derimod, også efter min konfirmation, at være mit gode og kærlige forsyn. Endnu engang havde han en alvorlig samtale med mine forældre, som resulterede i, at han optog mig i sit hjem et par vintre. Her gennemgik han med mig begyndelsesgrundene til de fag, der fortrinsvis kræves af en vordende skolemester; lidt grammatik, lidt regning og algebra, og lod mig for øvrigt læse en del bibel- og danmarkshistorie efter gode håndbøger i hans eget bibliotek. Men lærer Jakobsen var en praktisk mand, der også vidste at tage lidt nytte af mig i kostalden, og hvor der ellers kunne blive brug for mig, mellem lektierne, lidt tærskning, lidt mugning nu og da. –

Det morsomste, jeg blev sat til i min fritid, var at håndtere den store kirkeklokke. Jeg kan derfor aldrig komme på Fly Kirkegård uden at tænke på den bævelse, der gik igennem mit drengehjerte de første gange, ved at mærke ansvaret for, at solen gik ordentlig ned over Fjends og Ginding Herreder. Aldrig skred jeg henimod det høje, hvide tårn uden hjertebanken, for jeg var kun lavbenet og klokken meget stor. Jeg var ræd for uglerne, der raslede ud af glamhullerne på en egen lydløs, spøgelsesagtig måde ved det allerførste slag. Klokken blev ringet indvendig fra. Jeg skulle ind på tårnets nordside og op på dets skumle hvælving for at drage i rebet. Uhyggen gabte imod mig fra den lave dør ind til det umådelige, ganske tomme kirkeloft, hvor efter sagnet benradene dansede, når midnatsmånen gik op. Her stod jeg nu mutters ene, kun nu og da opskræmt af en ugle, hvis støvede vinge daskede min kind på udfarten.

Det var en smal sag at sætte klokken i gang. Det skete pø om pø med små korte nyk i rebet, indtil den var kommet i fuldt sving. Det svære kom, når den skulle standses, hvad der må ske gennem et eneste ryk. Det var som at brydes med noget mystisk jætteagtigt, der svang i en vældig bue højt over ens hoved. - Og så bedeslagene, de tre gange tre! Det bæver endnu i mit indre, når jeg tænker på den spænding, med hvilken jeg usselige mjat udførte disse vanskelige tretals-takter, der fik murene til at synge.

Når jeg somme tider ligger i Viborg, vækkes jeg hyppigt i den mørke vintermorgen af reveillen. Jeg kan høre, at den unge uøvede rekrut, der trakterer hornet derude på den natvåde gade foran kasernen, har den samme angst i blodet, som jeg havde, for at komme til at gøre noget forkert. Og så bliver det forkert, og en hel by hører det og ler. - Sådan sagde de mødende naboer somme tider til mig: "Det war fanden mæ vis dæ, Jepp, dær håj ve'æ klokk' ijaes! Jow, a ku' misæl hør æ! Den war ved å slå ød' sla'!"

Degnen var en god og tilgivende mand, men jeg brød mig alligevel ikke om at træffe ham før længere ud på aftenen, når de vanskelige bedeslag var gået i fisk for mig.

Lærer Jakobsen hjalp mig med at skrive en ansøgning om understøttelse og siden optagelse på Staby Højskole, - senere vinterseminarium - hvor Jakobsen selv havde fået sin første uddannelse som lærer i folkeskolen.

På Staby Højskole

En forårsdag 1882 drog lærer Jakobsen så af sted med sin myndling. Det var min første rejse ud i verden.

Med skam at melde mindes jeg ikke det mindste suk om denne rejses forløb, hvad der er mig selv ubegribeligt, thi rejsen gik igennem ret ejendommelige egne. Jeg havde dog dengang, hvad der ikke var at undres over, som det barn jeg var, ingen bevidst sans for heden eller natur overhovedet. Men vi må dog også være kommet forbi en så ejendommelig gård som Nørre Vosborg, hvis navn var intimt forbundet med flere af de sagn, som jeg kendte fra læsebøgerne og Jakobsens egne fortællinger. Det kan ikke fejle, at min dygtige og interesserede lærer har gjort mig opmærksom på denne gamle vestjyske gård, dens tårne og portbygning. Desuden, hvilken oplevelse ville ikke selve jernbanerejsen fra Skive til Ulfborg, der er station til højskolen, være for en opvakt dreng! Formodentlig har jeg aldrig været med toget før ved denne lejlighed; men ikke et kvæk kan jeg huske af det ene som af det andet. Jeg tænker, det må forklares derved, at jeg blev ført af min lærer i stedet for selv at få lov til at klare vanskelighederne.

Men er jeg end kommet sovende til Staby, har jeg nok fået øjnene op, da jeg blev alene, efter at Jakobsen havde afleveret mig i forstanderens, den myndige Søren Peter Jensens hænder. Forstander Jensen var en imposant, næsten atletisk, vestjysk type med indadvendte fødder og et mægtigt, rustificeret Strindberg-hoved, der kronedes af et hår, der steg til vejrs som på en tirret hund, et par små, stikkende øjne med glimt af jysk skælmeri på bunden og en hagefip med tilhørende overskæg, som han åndsfraværende bestandig sad og kælede for med to fingre på en egen dvælende måde, når han, hvad der kunne hænde, var faldet i drøm på katederet, mens de tænksomme øjne søgte ud ad vinduet. Ligesom hans person var også hans undervisning en noget ujævn sammenføjning af drøm og virkelighed. Som de rigtige ægte vestjyder var han et stort regnehoved og brugte ubevidst regnekunsten som prøvesten for sine elevers mål af evner. Da jeg, hvad regning angik, kun var middelbegavet, slap jeg aldrig ind i Jensens kridthus. Fra trykte erindringer af ældre mænd, der ligesom jeg har gået på Staby, mens de var unge, kan jeg jo nok skønne, at han må have været en betydelig pædagog og en gennemhuman personlighed. Men ligesom jeg er kommet til hans skole med tilbundne øjne, sådan husker jeg usigelig få træk fra forstander Jensens undervisning.

Det samme gælder i endnu stærkere grad om andenlæreren. Han hed Garnæs, var uhyggelig gebrækkelig, sygelig og svag, krøb omkring imellem os ved to kæppe, hvoraf han støttede den ene mod vor ryg, når han bøjede sig ind over tavlen for at vejlede os med et eller andet. Hvad ham angår, husker jeg kun to venlige øjne bag umådelige brilleglas, det sygelige røde fuldskæg og så de to kæppe, med hvilke han stangede sig frem mellem bænkene.

Jeg skulle have kosten ved forstanderens bord, hvor jeg sad lige over for hans unge hustru, en urolig, livslysten københavnerinde med et par vippende lorgnetter på opstoppernæsen. Hendes spinkle, lidt eksotiske fremtoning dannede en besynderlig modsætning til forstanderens bondske, grovhuggede kæmpeskikkelse. Til trods for kraften havde den svære mand en underlig, næsten tøset fistelstemme, alt for lys og jomfrunalsk til det stærke legeme. Det var mig et uvant syn at se ham bøje det mægtige, lodne vædderhoved næsten helt ned i tallerkenen og med denne pigestemme bede bordbønnen, før der spistes, mens den urolige frues guldlorgnet hoppede på næsen og kastede skælmsk forskende blikke til min lille vadmelsskikkelse.

Jeg led dengang som for øvrigt højt op i ungdomsårene under en ubeherskelig generthed. Jeg blev rød for ingenting og svarede på alle forstander Jensens muntre men inkvisitoriske spørgsmål med bare de fattigste enstavelses fjandbo-ord. Jeg sad ved det fine, runde bord - hvor man i parentes bemærket spiste usædvanlig meget klipfisk, eller var det saltet hvilling? - som et stakkels betalende mæhæ, hvem den livsglade frue hverken kunne skæmte eller kokettere med, hvad hun sikkert - efter sine naturanlæg - ville have sat pris på. Der var også et par døtre omtrent på min egen alder; de fik mig undertiden med på deres leg i en plantage, der lå lidt fra skolen; men også for dem var jeg bare en kejtet hjemmefødning. Vi var ikke hinandens "ganninger". Jeg kunne ligesom ikke trækkes op til sjov af nogen art; der hang allerede for meget bog ved mig.

Jeg har aldrig duet meget til at lege, ligesom jeg aldrig siden mit 15. eller 16. år har givet mig af med at danse. Men livet mellem kammeraterne havde sikkert en del betydning for mig.

Der var dog kun èn, til hvem jeg rigtig sluttede mig, og som jeg dengang omfattede med den varmeste kammeratskabsfølelse; det var nuværende undervisningsminister Jens Byskov, der kom fra et fattigt hjem i Nørre Nissum. Vi havde omtrent samme alder og sad altid sammen på skolebænken. Byskov var et af de stærke vestjyske regnehoveder og røbede allerede dengang glimrende evner, især i forstandsfagene. For mine tilbøjeligheder i digt- og romanfaget, nærede han derimod kun ophøjet foragt. Så ung han var, blev han dog snart Jensens kæledægge. Det var hans begavelse for den højere regnekunst, der vandt ham forstanderens hjerte. Den nød jeg også til tider gavn af. Kunne jeg ikke klare en vanskelig opgave, behøvede jeg bare hviskende at bytte tavle med Jens Byskov og lade ham være i ro nogle få sekunder. Den lille, rødhårede og fregnede regnekunstner trak ligesom pandens muskler ned

over øjnene, blødte sin griffel mellem læberne, og i et nu
var stykket splittet ad og tavlen kradset fuld af lighedstegn
på lighedstegn med facit triumferende slængt hen ved
tavlens bund. Så skubbede han resultatet over til mig med
en mine, som ville han sige: "Kan du så lade mig have
fred et øjeblik, dit fæ!"

Jeg beundrede hans sikre tag i tingene og hans lille, støt-
te figur. Der var vist egentlig ikke noget hos mig, som han
fandt beundring værd, men vi stod sammen som de to
mindste, som tilfældet havde givet plads ved hinandens
side. - Der gik en menneskealder eller endda mere, hvor
vi aldrig søgte hinanden; så ustadigt og ødselt er ung-
dommens sind.

Skolen havde op mod 40 elever; de fleste i 20 års alde-
ren, men udover Byskov fik jeg egentlig ikke noget bli-
vende indtryk af nogen enkelt. En undtagelse gjorde dog
lærer Madsen-Vorgod, der senere har været fremme nogle
gange som socialdemokratisk folketingskandidat. Han
havde gået på skolen også året forud og var absolut kurs-
usets mest udviklede elev, de andre langt overlegen både i
læsning og selvtænkning. Han opkastede sig naturligt til
føreren, arrangerede aftenmøder på det største af elev-
kamrene, hvor man uforknyt drøftede litteratur og tids-
problemer i formelig diskussioner. Det var dog som oftest
Madsen-Vorgod selv, der måtte føre ordet, og altid ham
der slog hovedet på sømmet. Her hørte jeg under min
skyggetilværelse på bageste sæde i krogen første gang
navnene Brand og Per Gynt, også Bjørnsons navn fløj nu
og da igennem det beklumrede elevværelse som et sten-
kast. Selv vovede jeg mig aldrig op i debatten, der styre-
des fra den brede dobbeltseng, hvor eleverne lå to sam-
men om natten, men under mødet brugtes som bænk. Vel
brændte det i mig efter at komme til at udmærke mig og
røbe mit kendskab til både Blicher, Ingemann og H. C.
Andersen, men benene var endnu for stakkede, og noget

velassorteret lager af viden var der heller ikke i det op-
kammede, brusende kyllingehoved.

Men boghungeren blev ved at suge i mig. Endnu ejede
jeg dog ikke selv bøger, sådan som flere af de ældre
blandt eleverne. Men jeg skaffede mig et kollegiehæfte,
hvori jeg opskrev en hoben bogtitler og prisen på bøgerne
til fremtidig brug. Så snart jeg vidste, at en af de ældre
kammerater havde købt en bog, fik jeg lov til at låne den
et øjeblik og skrev nu hele dens reklamebagside med lok-
kende bogtitler ind i mit kollegiehæfte. Det blev til sidst
en artig ønskeseddel. Den mere snusfornuftige Jens By-
skov hånede mig og min lange ønske- og prisliste. Jeg tror
alligevel, at denne metode har været mig til nogen nytte,
da jeg næsten altid siden har kunnet gøre rede for de fleste
forfatteres produktion, om end jeg må indrømme, at det
var en lidt mager litteraturhistorie. Men sådan går det jo
her i livet: Én får pølsen, en anden må tage til takke med
pølsepinden.

En dag kunne jeg dog ikke dy mig længere. Jeg havde
fået fri fra skolen for at tage til Ringkøbing i et eller andet
ærinde, som forstanderen havde fundet forsvarligt, men
mit sande ærinde var nu alligevel et andet, end den stren-
ge forstander Jensen vidste.

Jeg havde fået nogle småskillinger sendt hjemmefra; far
har næppe udvist nogen overdådighed, der var få af dem
derhjemme; men så snart jeg var kommet ind i Ringkø-
bings gode stad, gik jeg sporenstregs hen til byens eneste
boglade. Her lod jeg boghandleren kramme alle sine for-
lokkende varer ud på disken foran min næse. Der lå nu de
mange skønne bøger, jeg så omhyggeligt havde indført i
mit kollegiehæfte, lysende imod mit blik i alle regnbuens
farver. Det var et drømmesyn for mine af læsehunger
funklende øjne. Jeg forhastede mig ikke med at gøre no-
gen handel. Jeg lod den pæne mand bag disken komme
frem med endnu flere, men jeg har næppe set ham ud til at

være nogen Krøsus; han var måske selv familiefar og har
tænkt sig sit ved min nærværelse. Så meget havde han i
hvert fald fået ud af mig, at jeg kom fra Staby Højskole;
altså var jeg nok en knægt, der brugte fars penge lidt på
eget beram. - Nå, boghandleren havde ikke noget imod at
slå en handel, han havde jo da sine bøger for det samme.
"Hvor mange penge har du tænkt dig at bruge?" sagde han
og så over brillerne. Jeg famlede lidt med svaret. "Ja, for
de er skam ikke helt billige," tilføjede boghandleren. Jeg
måtte hen i en krog og tælle pengene. Hvor stort mit ind-
køb blev, kan jeg nu ikke mere huske. Dog mindes jeg, at
der iblandt det købte var Carit Etlars fortælling "Madsalu-
ne", og Christian Richardts versebog "Smådigte".

Den sidste ejer jeg den dag i dag, om end i molesteret
tilstand, hvad der ikke er at undres over, da den har gjort
hele min livsvandring sammen med mig, og det er ikke
altid gået af uden stød og buler. Var det end sikkert et
tilfælde, at jeg valgte disse friske smådigte og ikke noget
andet af alt det meget, som boghandleren hin dag lagde på
disken foran mig, så er det næppe et tilfælde, at det er den
eneste af min barndoms bøger, som jeg har holdt fast ved
gennem årene. Chr. Richardts frejdige optimisme og rene,
ukunstlede form, ikke mindst i disse vers, vækker den dag
i dag min glæde og beundring. Jeg havde jo allerede tidli-
gere med lykkelig hånd trukket Steen Steensen Blichers
vers ud af lærer Jakobsens boghylde. Nu kunne jeg altså
føje Chr. Richardts til. Det var ikke de dårligste repræsen-
tanter for sund og ukunstlet dansk lyrik; og Morten Eske-
sens Sangbog - en hel antologi af lyrisk skønhed og sang-
kunst - havde jeg da bestandig i baghånden.

Da jeg atter kom hjem til skolen, og forstanderen kom
under vejr med mine indkøb, lod han det ikke mangle på
en overhaling. Højst sandsynligt har jeg stået i restance
hos ham med både det ene og det andet. Nu havde jeg
ganske tankeløst brugt de penge på overflødige bøger,

som han skulle have haft, fordi jeg til daglig sad og spiste kartofler og klipfisk og anden sømmelig fortæring ved hans bord. Sådan skulle man ikke handle med sine forældres penge! - Den gæve forstander havde jo ret i et og alt. Han havde dog næppe den fulde forståelse af, at et barn ikke mættes af brød og klipfisk alene, men at der i enhver dreng af min art sad en glubsk og sulten fantasi, der også kunne have krav på at imødekommes engang imellem.

Forstanderen selv var næppe videre litterær. Jeg kan ikke mindes, at der blev budt os nogen art af skønlitteratur i timerne. Et par gange i sine foredrag nævnte han dog med anerkendelse Svend Trøsts (dvs.: Holger Drachmanns) "Gamle Guder og Ny", et værk, der i de dage lige var udkommet.

Blandt eleverne var også en brodersøn til Morten Eskesen, Eske Eskesen, hvilket slægtskab gjorde ham meget interessant i mine øjne. Han havde en lille digtsamling af onklens, der bar titlen "Hedelærken" (1858). Han gentog indledningsverset for mig, indtil jeg kunne det udenad:

"Flyw no ud mi lille ljærk
glåhle a di buh'r,
te di and'er fowl ka mærk'
lyw i di natuer!"

Også dette lille digt føjede sig naturligt til min øvrige sangskat.

Sådan sugede jeg honning for mit behov, hvor jeg fandt den. Lidt usikkert, lidt sparsomt i det hele taget, for der var langt mellem blomsterne her på Vestjyllands vide stepper. Men jeg nærede mig dermed, så godt det lod sig gøre, indtil skæbnen førte mig hen til rigere græsgange i åndens land.

Skolen havde en længere sommerferie, i hvilken jeg på hjemvejen besøgte min kammerat, Jens Byskovs hjem i

Nørre Nissum. Jeg husker, at det var yderst jævnt, tarveligere endda i alle måder end mit eget. Han havde en kær, slidsom mor, der i sit væsen mindede mig om min egen mor. Hun sendte os ud i hedebakkerne for at plukke blåbær, og vi kom hjem med kowsen fuld, og den hyggelige kone styrtede dem i et rødt fad og øste godt med nymalket mælk over dem, så smagte de for vore ganer som en kongespise.

Da jeg nærmede mig mit eget fødehjem, kunne jeg nok se, at stuehuset havde fået "en sær skæv handtering". Den ene skorsten pegede langt væk og var slet ikke på linje med den anden. Sagen var den, at egnen nogle få dage forud var blevet hjemsøgt af en mægtig skypumpe, der havde sat ryggen imod de gamle, møre stolper og været lige ved at vælte hele den gamle kasse. Den var gået ind ad den åbne forstuedør og videre frem i storstuen uden at tage hatten af. Her slog den et par vægge ud imod øst og spredte mors garnspind og en del gangklæder, der lå fremme på hendes kommode, ud over toft og enge. Den ene af de to skorstene gav den - sammen med husets mossede over - en sådan tryksexsten mod nord, at mit gamle hjem aldrig fik sin førlighed mere, men blev ved at tegne sin pukkel mod det røde gry i alle de år den havde tilbage indtil udslettelsens dag.

Med endnu større hjemsøgelse havde skypumpen huseret hos en af mine gamle fortællere, Jens Daalum, der boede yderst på Fly Mark. Her havde den ikke alene revet huset af led, men også ført hans gamle, trofaste hund, "Palnatokki", så højt op i luften, at den ved nedfaldet aldrig kom til sit vid mere, hvad Jens Daalum senere fortalte mig med fantastiske udmalinger.

Under feriebesøget juli 1882 fik mine forældre mig overtalt til at opgive videre studier og komme hjem til november for at blive eneste karl på gården, så min ældste bror Jens kunne komme ud til fremmede og tjene en ordentlig løn. Der var nok af ørkesløse hænder og munde derhjemme endda, sagde mine forældre med et suk.

Da jeg efter ferien kom tilbage til Staby i den skønneste søndagssol, stod folk i mørke, alvorlige klynger på toften foran skolen og talte sagte sammen. Ingen, hverken af eleverne eller af forstander Jensens egen familie, sås på kroketpladsen. Det var mig påfaldende, da især forstanderen var en meget lidenskabelig kroketspiller, der aldrig lod en fri stund, mindst på en søndag, gå hen, uden at han, under megen huseren og med stråhat kækt på hovedet, havde fået sit parti omme på den grønne plæne.

Det blev mig da også snart meddelt, at husets unge, af os alle beundrede og afholdte stuepige, som adskillige af eleverne havde tilkastet varme blikke, samme nat havde hængt sig i tørvehuset. Man stod nu og ventede på lægen og ligsynet. Den livsglade Sofie havde en forræderisk kæreste i Ulfborg, der havde bragt hende i ulykke, så hun ikke havde set anden udvej for sig.

Den sommer står i sin helhed for min erindring som mærket af dødens gru. En af eleverne, en lille, brystsyg pukkelryg, var blevet taget ned. Dødskampen var meget hård for den unge mand; vi, hans kammerater, vågede om nætterne ved hans seng.

Jeg havde som lille dreng set min strenge bedstefar som lig, men dette her var dog første gang jeg havde set et menneske dø, og jeg kan ikke nægte, at den spirende iagttager i mig var stærkere fremme, end det egentlig var sømmeligt og smukt. Jeg ville se, hvordan døden hentede en sjæl. Jeg stod med skælven i kroppen, men med øjne, der brændte, ikke af bare medfølelse, men nok så meget af undersøgelseslyst. Jeg skammede mig lidt i smug, men inderst inde godtede realisten sig over sin uhyggelige viden. Jeg havde et par uger forinden set den lille, forfængelige pukkelryg stå foran spejlet og med storøjet glæde hale i sit knap tilmålte overskæg. Nu strittede de tynde skæghår så hjælpeløst omkring den rallende mund. Sådan var det altså at dø. Jeg lagde denne viden hen til den øvrige skat af erfaringer, som jeg i rigeligt mål gjorde denne sommer.

En knaldende lys og brændende sensommersøndag lidt senere var jeg gået ud alene for at se den store sande, der lå i den vide hede øst for Ulfborg; thi om søndagen var jeg altid ude at se ny natur, hyppigst alene, da jeg fra min tidligste barndom aldrig har brudt mig om selskab, når jeg gik ud. Det er vel noget, jeg har taget med mig fra mit ensomme hyrdeliv.

Da jeg kom igennem den knap vågne stationsby, opdagede jeg, at der midt i gaden holdt en lang bondevogn fuld af halm. Lidt efter kom de fra et af husene bærende med et halvpåklædt, tilsyneladende livløst menneske. Bag den åbentstående skjorte så man, at han havde et gabende sår i brystet, hvorfra det sorte blod væeldede ned over hans linned og underkrop. Jeg kunne i lang tid ikke glemme dette græsselige syn her midt i den klare morgensol. Det var også en stakkels selvmorder, der med brødkniven havde tilføjet sig selv dette vilde sår og nu på denne primitive måde skulle køres til det fjerne sygehus i Ringkøbing.

Disse grelle, realistiske oplevelser afløstes dog ofte af skønne idyller. Ikke så langt fra skolen blånede Nissum Fjord, hvor vi elever i middagsvarmen søgte hen for at bade, og hvor bundens svajende tagrør diklede vore blottede rygge med sine akseduske. I større fjernhed, en stiv mil ret mod vest, så man de dengang endnu nøgne og såre skønne Husby Klitter, som en milelang kæde af gnistrende sandbjerge, bag hvilke den mægtige vesterhavsbrænding - selv på stille sommerdage - skummende og tordnende vendte sin mandshøje plovfure. Her gik jeg flere gange ud om søndagene og synede som en ensom, lille prik på den milelange strands udspændte sandflade. Her så jeg de forliste skibe ligge som kæmpemæssige vrag, hvis rustrøde jernpartier kunne ses favnelangt ned i dybet som de kæmpemæssige ribben af et smuldrende havuhyre.

En skøn udslagen søndag var optaget af det store, årlige friluftsskolemøde i Vemb, formodentlig det første større folkemøde, jeg har overværet. Her spiste eleverne i det grønne sammen med forstanderen og hans familie. Ikke langt fra vor gruppe lå der en lys og sommerkåd kvindegruppe, også samlet om madkurven; det var en søsterflok fra Nørre Vosborg, hvoraf den ene ejede den gamle, herlige gård med den hvide indkørselsport. Den havde min allestedsnærværende person også gæstet og inde i den skyggefulde have stået foran H.C. Andersens bænk og stavet mig til det vers af digteren, som han havde siddet og skrevet på den bænk, da han i 1859 var gæst på gården. Nu stod samme vers - der ved Gud var tarveligt nok - med ærbødige snirkler og sving malet på et bræt bag ved digterens bænk. H.C. Andersen mindedes jeg jo fra lærer Jakobsens bogreol, og hans billede hang over min seng i degnens gæsteværelse, hvor jeg havde nikket til det så mangen en aften, før jeg slukkede mit lys.

En stor oplevelse var det også, at jeg, inden jeg forlod skolen, fik lejlighed til på et kæmpemøde, jeg tror i Vemb, at høre den indiske, men norskfødte missionær, Skrefsrud, der udfoldede en mægtig, gribende veltalenhed, som først blev overstrålet, da jeg 5 år senere på Askov hørte Bjørnstjerne Bjørnson. Hans ansigt mindede om de billeder, jeg senere så af Johan Ludvig Runeberg. Denne underlige personlighed, der begyndte sin løbebane med at sidde i tugthuset som gemen tyv, var nu vendt tilbage fra østen med en glorie om sin brede apostelhat og blev på sit triumftog gennem Norden behandlet næsten som en fra himlen nedsteget gudesøn. Jeg husker endnu partier af den malende skildring, han i sit stærke, norske sprog, som jeg her hørte første gang, gav af de indfødte, indiske asketers forfærdelige religiøse selvpinsler, hvorledes de rullede sig nøgne på brætter med spidse stålsøm eller hængte sig selv op i kroge, som de borede ind under deres ribben, og svang nøgne i dertil indrettede galger, med slige kroge gennem kødet - som børn hos os svinger i en gynge - indtil kødet brast, og de drattede ned for at begynde den rædsomme leg forfra.

Sådan begyndte jeg allerede at blive en lille verdensborger med en opsparet sum af oplevelser og erfaringer, og med et forspring for dem, der vedblivende måtte sidde hjemme. Det, jeg havde haft mindst ud af, var her som alle vegne, hvor jeg har haft lejlighed til at gøre forsøget, selve skoleundervisningen. Af den husker jeg grumme lidt om overhovedet nogen verdens ting udover dette, at Jens Byskov hjalp mig troligt i tavleregning. Men man skal ikke være utaknemlig; man husker sjældent livets hverdag. Rugen husker jo heller ikke de hundrede små byger, der har bragt den til vækst. Sådan har jeg sikkert også haft adskilligt udbytte af mit kortvarige ophold på Staby, om end jeg var lovlig ung til forsøget.

Da det lakkede ad enden med sommerskolen, kom der nogle fine herrer, der skulle tage skøn over, hvad vi havde fået lært. Jeg husker, der var en af dem i en farlig fin frakke med guldsnore på kryds og tværs og en meget grinagtig hat på hovedet; også den var overbroderet med guldstads. Det, sagde man, var amtmanden fra Ringkøbing, og det var også nok værd at vide for en anden gangs skyld, at sådan så en rigtig amtmand ud. Forstanderen var ikke let at komme nær den dag. Han yndede ikke den snusen til hans undervisningsmetode. Det forlød imellem eleverne, at der havde stået hårde kampe inde på kontoret. Jensen havde med sin brede næve slået i bordet for amtmanden, så alt guldstadset dinglede på ham. Forstanderen for nu og da igennem skolelokalet som en bombe. Provst og amtmand steg til vogns uden videre ledsagelse. Forstanderen var mørk i mange dage.

Hyppigere end tidligere så vi ham i hans yndlingsstilling på katederet, dvælende kærtegne overskægget, mens de drømmende øjne så ud af skoleruden.

Jensen var trods alt en ny tids mand. Venstremand i politik, tilhænger af Kolds undervisningsmåde, og med had til remseriet og eksamensmisbruget. Et par år efter, 1884, havde han sagt Staby farvel. Jeg så ham først på ny i 1891, da jeg var kaldt til Bornholm for at holde en række foredrag. Jeg traf min gamle forstander i Nexø, som leder af en større pigeskole. Han var blevet endnu tykkere og plumpere med laskede kinder om små, indsunkne griseøjne, der glimtede som sildeskæl. Det samme imposante og fortættet bydende lå endnu over hans atletiske skikkelse. Her i Nexø døde han, 20. marts 1904, af en plagsom underlivssygdom, der længe havde gnavet hans stærke bonderod.

Få dage før mit skoleophold endte, kom forstander Jensen til mig og spurgte, om jeg ville være vinterlærer på Husby Klit. Jeg måtte svare, at mine forældre havde anden bestemmelse med mig og fordrede mig hjem til at gøre nytte i gården. Det var den sidste skuffelse, jeg beredte min brave forstander. Han syntes vist, at det var et godt tilbud, han gjorde mig. Jeg, denne spinkle purk, der langt fra var udvokset og meget lille af min alder, kunne blive skolelærer, vinde en art selvstændighed og også tjene en sømmelig skilling, der heller ikke skulle være at foragte. Der var jo imidlertid intet herved at gøre, og jeg samlede mit kluns sammen og forlod skolen under Søren Peter Jensens kulde.

Jeg har somme tider tænkt, hvordan det vel kunne have gået mig, om jeg, der ikke var større end tobak for en skilling, var blevet sat ud i denne vilde og stormredne egn, formodentlig det ødeste sted i Danmarks land, i et lille hus mellem rygende sandklitter. Der skulle jeg have lært at byde over stærke, ranglede fiskerdrenge, dobbelt så store som jeg selv, skulle lære at klare mig selv i alt slags vejr, under alle forhold, fjernt fra mennesker, fjernt fra slægt og forældre. Men på den anden side, hvilke nye og stærke erfaringer kunne jeg ikke have gjort her, ansigt til ansigt med det altid oprørte hav, hvor tragedier udspilledes omtrent daglig, og en fiskerbefolkning, hvis liv og næringsvej var så langt som mulig fra det betryggede og tilvante. Nej, jeg skulle alligevel trods alt have grebet min gamle velmenende forstanders fremstrakte hånd.

Hjemme igen

Da jeg i efteråret 1882 på ny vendte tilbage til fødesog-
net, lå egnen tilsyneladende i et kog, idet den gamle tid
havde rejst sig i et galdemættet raseri mod lærer Niels
Jakobsen og hans forsøg på at føre de moderne strømnin-
ger, sådan som de lærtes af det grundtvigske frisind, ind
over sogneskellet. Angrebene, der førtes både mundtligt
og i de lokale blade, rettedes især mod Jakobsens skole-
undervisning, i hvilken han forsømte udenadslæsningen
og remseriet. Det var jo den samme strid, jeg kom fra i
Staby. En strid, der for øvrigt stod over det ganske land i
disse år. Det var bølgeslaget fra Grundtvig og de Koldske
friskoler, der nu først mærkedes i disse øde, bortgemte
egne.

Til Jakobsens modstandere hørte væsentlig de gamle i
aftægtsstuerne. De, hos hvem kristendommens basis og
syldsten dannedes af Balles Lærebog og Kingos eller
snarere "Evangelisk Kirkelig Salmebogs" humpende sal-
mesang. Bag ved al denne ulmende gammelmandsvrede
stod sognepræsten, Andreas Winding, og trak i bælgen, så
gnisterne funkede. Han trådte dog ikke frem åbenbar,
arbejdede des mere i smug med sin gamle, rundryggede
trop, når prædikenen var ude, og den ventede ærbødigt
ved kirkedøren for at lægge forfølgelsesplaner mod den
nye lærer.

Iblandt gamlingerne var forgrundsfiguren en hvidhåret,
vissentør aftægtsmand, Anders Knudsen, der beboede en
af byens største gårde og tidligere havde været sogneråds-
formand. Jeg huskede ham godt fra den tid, jeg havde
tjent hos Frederik Olsen, som en mand, der havde rygte
for nærighed. Det var en almindelig spøg af byens karle,
der kørte hø af engene, at sætte denne nærighed på prøve.
Om en ung karl var kommet foran med sit læs, og han så

Anders Knudsen også med et læs i nogen afstand bagude, plukkede karlen små håndfulde af læsset og lod dem dumpe ned ved siden af vejsporet: drit - drat, langvejs med 4-5 favnes mellemrum. Det morede ham da kosteligt at se, hvorledes den efterfølgende olding hvert øjeblik bøjede sin stive ryg og fiskede høet op for at stoppe det ind i sit eget fint afrevne læs. Han var en af de bønder, der ikke kan gå forbi en kokasse, den være nok så frisklagt, uden at gribe den, om det så skulle være med de bare hænder, og hive den ind på sin egen ager.

Det var denne gnier af en olding, der af skæbnen var udset til at forbitre først min elskede lærers livsdag, senere min egen.

Hovedmanden inden for Jakobsens parti var den friske og frejdige bonde Per Odgaard, hvis suffisante natur og hele ungdomsfyldte kampglæde her i begyndelsen af firserne satte sine skønneste spor.

Kampene førtes mest rundt om i hjemmene med korte møder og lange adresser. Længe varede det dog ikke, før den også rykkede ind i købstaden Skives dagspresse. Den gamle tids mænd udgød deres galde i Skive Avis. Den ny tid holdt sig lige så selvfølgelig til det nystiftede Skive Folkeblad.

Det var under denne giftige og ret langstrakte pennefejde, at jeg bar mit første produkt til pressen: En lille barnlig artikel undertegnet p-p, der førte et velment om end meget naivt formet forsvar for min elskede barndomslærer.

Omsider ebbede striden ud uden egentlig sejr for nogen af parterne. Lærer Jakobsen havde ikke selv skrevet i bladene. Han var - som tidligere sagt - langt fra nogen kampens mand, han fulgte bare her som overalt ellers sit brave hjertes bedste overbevisning. Det var ham i højeste grad en sorg, at han skulle være anledning til splid i sognet. Han ville alle det vel, men han var blevet opdraget i en skole, der havde erklæret al udenadslæsning krig. Men det gjorde den skikkelige Jakobsen så ondt, når på kirkedagene et eller andet gammelt menneske med et umiskendeligt hadesygt blik vendte ham ryggen. Men det lod sig ikke rette, sognet var kløvet i to partier, og det blev det ved at være, indtil modstanden langsomt døde med de forstokkede gamles hedenfart.

I disse kamphvirvler blev også fru Winding revet med. Tvunget af nødvendigheden, sagtens for husfredens skyld, måtte hun følge sin hadesyge og reaktionære præstemand, der havde anstiftet den hele badulje. Jeg så nu i flere år ikke præstefamilien, men sporede des mere især hans tilværelse gennem de lumske løngrave, som han i de kommende år borede ind under mig.

I de næste to år fra november 1882 til november 1884 var jeg knyttet til mit fødehjem i Aakjær, hvor jeg måtte gøre karls gerning i denne vidtløftige gård. Det var langt over mine spinkle lemmers evne. De unge knøse blev dengang altid misbrugt. Deres kræfter udnyttedes til det yderste, længe før de havde nået modning. Mens det aldrig kunne falde bonden ind at spænde en åringsplag, langt mindre et føl for ploven eller møglæsset, betænkte han ikke på at fordre fuldt karlearbejde af en knægt, der mangen engang lige var skredet over konfirmationstærsklen. Tidsalderen var ikke sentimental. Bonden krævede omtrent det samme af sine egne børn som af fremmedes. Jeg har fået min part af strengt arbejde på et tidspunkt, hvor jeg kun var en virmende mjat med brusk, hvor der skulle have været knokler.

Det har mere end én gang sortnet for mine øjne, når jeg under høslætten skulle følge min far eller kanske en daglejer i hælene og klare mig med leen som enhver anden. Åh, disse lange høslætsdage, der var så skønne for hver den, der bare kunne gå og se på de andres dont! Hvor kunne de bringe en magtesløs pog til fortvivlelse! Græsset var tit stridt og kort, så hølebladet måtte følge jorden snert. Det stride korte græs og jordens små ujævnheder gjorde bestandig leen sløv, så der skulle stryges hvert øjeblik. Man blev bagefter, man så den voksnes brede ryg i en tåge foran sig; man vidste, at man ville blive drillet eller endog få skænd, hvis man ikke kom rettidigt til ende med skåret. Man lagde i af alle kræfter, man knugede sine tænder sammen. Skjorten var en eneste våd las af sved, og nu var ens le igen sløv! Man mumlede en gudsforgået ed mellem tænderne, man gjorde sit hug bredere for at komme hurtigt frem, men den sløve le for nu ovenud af skåret. Et nyt rasende hug mens harmens tårer begyndte at samle sig i øjenkrogene. Men nu for den sløve les od kvarterdybt i jorden. Man syntes, at det hele løb rundt for én. Man var en dånelse nær og søgte at redde sig ved at rejse leens skaft og begynde at stryge bladet. Men det var en farlig ting, hvis ikke hver sans var vågen; ved det mindste fejlstrøg kunne man skamskære hele hånden i det vilde leblad. Det var jo netop deri fejlen lå for den lille uforsøgte hølemand; han kendte ikke det snuptag, ved hvilket man holder sin le skarp. Var det ens far, man fulgte bagefter, gik det jo an at briste ud i en hjælpeløs gråd, og det har jeg somme tider gjort, når jeg ingen vegne kunne komme med en le, som jeg med mit manglende håndelag havde strøget sløv. Men var det en fremmed, bed man sin fortvivlelse i sig og lod sig drille, til man lærte det rette strøg. Men aldrig har min barnekrop følt sig så mørbanket, så forvredet og stiv i alle knokler som morgenen efter sådan en høledag.

Nu om stunder er bondens arbejde at regne for legeværk. Dengang, før man ejede en eneste af de mange maskiner, man nu sætter til at udføre det grove arbejde, da var det strengt at være bonde. Strengt for den voksne med bjørnekræfter, tifold strengere for den endnu ikke udvoksede knøs. Og jeg har måttet gennemgå hele skolen. Har måttet fylde både mergel- og møgvogne fra jeg var seksten år - med den tids utrolig klodsede redskaber, der lavedes hjemme hos grovsmeden og hver for sig vejede flere pund. Jeg måtte tærske al min faders sæd med den tunge håndplejl; tærskemaskine kendtes ikke så lidt som rensemaskine. Jeg måtte muge under kreaturerne og køre gødningen op på den høje mødding, fra jeg var 7 år. Jeg måtte forke i mark og hede de høje, høje læs, især lynglæsset var det umådeligt svært med. Også slå lyng måtte jeg med det grove lyngjern, der havde byrde nok i sig selv for en halvvoksen dreng. Måtte grave lyngtørv og møntørv; disse sidste halvanden alen lange, 3-4 tommer tykke, og som skal føres i hel tilstand på ryggen op på tagets ås. Det er en prøve på, hvad en karl duer til, om han kan tage to eller tre af den slags på nakken og bære dem op ad den lange stige. - Alt måtte jeg være med til.

Det er ubegribeligt, at man holdt til det, især når man tænker på den uendelige arbejdstid, der begyndte kl. 4.30 - min far var selv oppe en time før - og endte først hen ad elleve om aftenen.

Jeg kan egentlig ikke sige, at jeg var ked af mit arbejde. Jeg har altid elsket denne tummel med jorden. En spade eller en greb ligger den dag i dag så villigt i min hånd, og i flere vintre efter at jeg selv havde fået gård, greb jeg hyppigt til håndplejlen for at holde mig i træning. Men der var jo så meget andet, der brændte i mit sind i disse unge år. Jeg havde smagt på bøgernes forbudne frugt, og de blev altid ved at drage mig. Men der var jo ingen udsigt til, hvis jeg skulle udrette alt det arbejde, der forlangtes af mig, at få det ringeste læst. End ikke vinteraftnerne var ens egne. Om der ikke var andet at lave, skulle der stryges simer, og hakkelsesskæring, der også derhjemme gik for sig uden maskineri - med hånden på en almindelig skærekiste, fuldbyrdedes dengang i et søvnigt lygteskær om aftenen. Det kunne alene tage et par timer af ens kvæld og var et ikke ganske ufarligt arbejde for den unge og uøvede, hvad et stort ar på min venstre hånds pegefinger vidner om den dag i dag.

Jeg søgte at akkordere med min arbejdsutrættelige far om tingene. Når jeg i løbet af vinterdagen havde tærsket et vist antal neg, måtte jeg lægge mig ned i halmen og læse resten af tiden. Det viste sig dog snart, at ordningen havde sine uheldige sider. Jeg sled så overvældende for at få mere læsetid. Derved blev mit tøj gennemblødt af sved, og det er ikke sundt på en kold frostdag efter en sådan svedetur at slænge sig i langhalmen sammen med Saxo Grammaticus. Det ville jeg dog have agtet for intet; en knægt i den alder regner med lykken og tænker ikke på lungebetændelse, men far kunne ikke dy sig til trods for aftalen. Når han ikke hørte plejlens stadige bump, kom han og stak næsen ind ad logabet og så mig ligge mageligt henstrakt i halmen over min bog. Det var et alt for unaturligt syn midt i arbejdsstunden for min flittige far; dette her kunne ikke gå ærligt til! Jeg måtte have snydt. Han skrævede over balken og kom ind og gned de afbankede vipper mellem fingrene, om de var rene for kerner. Gud nåde mig om han fandt en eneste! Thi så strøg han akkorden eller dømte Saxo Grammaticus til konfiskation.

Bedre gik det de våde og kolde efterårsdage, når jeg fyldte mergel på vognen omme i det fjerne Byum, hvor far med øgene hentede mergellæsset, mens jeg fyldte et nyt læs i den tid, han kørte over slugter og brede banker om i Søndermarken. Her blev der tid til et nap, et kapitel i en medbragt bog. Her var dog den samme fare som i loen: det forcerede tempo for at blive færdig med læsset og få bogen fat, gjorde en gennemsvedt. Men jeg kastede mig tankeløst ind under den fyldte vogn, da det herude under åben himmel var det eneste sted, hvor regnen ikke dryppede ned i bogens blade. Men den råkolde vind fandt min svedige person mellem de tilsølede hjul. Den isnede min spæde krop til marv og ben; jeg læste halvvejs med klaprende tænder, men jeg ville ikke slippe min bog, ikke kvitte et eneste minut af den kostbare studietid. Men her kom den hævnende natur dog over mig. En aften efter en sådan mergeldag blev jeg om natten meget syg. Jeg fantaserede, jeg råbte i vildelse mod en ful hånd, der ville snappe min bog; jeg syntes, jeg havde hjernen fuld af mergel, mens en smag som af kolde, fugtige kampesten lå på min tunge. - En tid dinglede min sygdom mellem hjerne- og lungebetændelse, men min kraftige konstitution klarede også her skærene. Jeg slap med en generalforkølelse. Efter et par dages forløb var jeg atter i bedste arbejdsform.

Det er nu ret uforståeligt for mig, at jeg til trods for det endeløse arbejde, der krævedes af mig, og som med nødvendighed måtte kræves, da min ældre broder var ude at tjene, og jeg eneste mand på skuden foruden far - jeg siger, det er uforståeligt, at jeg dog fik tid til ved siden af pligtstræbet at dyrke mine små liebhaverier ved bog og pen.

Ja, for pennen var virkelig også kommet i gang hos mig 16-årige gut. En stumpet og meget uøvet pen, ganske vist, men den fyldte allerede ark på ark ved forældrehjemmets hvidskurede langbord. Jeg lagde det i bunker og gemte det omhyggeligt hen, til der som ved et tilfælde blev brug for det. Det var hverken romaner eller vers, nej det var egnens endnu levende emter og sagn, gåder og eventyr, somme tider også en humpende forkrøllet folkevise, som de gamle ikke havde fået med sig i graven. Hvordan jeg er kommet ind på at nedskrive disse gamle foragtede sager, kan jeg nu ikke mere gøre rede for. Det havde lærer Jakobsen i hvert fald ikke lært mig, for han havde ikke den bitreste interesse for den slags, som han anså for noget tøjeri. De tilhørte jo netop den gamle "vankundige tid", som han stred en bitter strid for at komme væk fra. Jeg tænker, at det var bondeblodet i mig, der altid med levende interesse og de vågneste ører havde lyttet til de gamle fortælleres historier om hovedløse heste og røde søer med gryntende grise, hvor mørkevejen gik hen over sure og skumle lavninger. Vist er det, at da vor gamle gæve sagamand, Evald Tang Kristensen, i sommeren 1883 lod udgå et opråb til det ganske land om at hjælpe ham med at få indsamlet alt, hvad der måtte være tilbage af gammel folketro i sagn og sang og eventyr, kunne jeg med min unge barkede hånd, der til stadighed havde vabler efter skovl og fork, gribe tilbage til min sagnskat, der lå i en uordnet bunke på mit kammerbord med en tung flintesten som brevpresser, og være blandt de første til at byde denne bestræbelse for sagnenes optegnelse velkommen.

Jeg mindes endnu den næsten hellige gysen, der greb én om hjerterødderne, da jeg en vinterdag modtog "Skattegraverens" første nummer (15/1 1884) og deri fandt tre småstykker, hvorunder der stod: "Meddelte af ungkarl Jeppe Jensen i Fly". - Ja det var en stolt dag! Jeg var 17 år og allerede blandt dem, der prentede sort på hvidt. Hvor må den tunge plejl være gået frydeligt over rugneget den dag!

På Det kongelige Bibliotek ligger den dag i dag en stabel papirer overskrevet med min uøvede knøsehånd. Det er frugten af disse to års samlerarbejde, som Evald Tang Kristensen i sin tid har modtaget og atter ladet gå videre til Dansk Folkemindesamling. Denne papirbunke, hvoraf jeg nu selv ejer en afskrift, repræsenterer da det første manuskript, der eksisterer af mig. Det går tilbage til årene 1883-84, og det i det, der har noget værd, er for længst trykt i Evald Tang Kristensens rige litteratur. En del i tidsskriftet "Skattegraveren", men endnu mere i hans senere sagnbøger.

Jeg har om denne min første spirende forfattervirksomhed skrevet følgende i et efterskrift til min bog "Po Fir

Glowend Pæl": "Så snart mørket begyndte at vælde ind ad lugerne i den lille spindelvævsklædte tærskelo, hvor jeg daglig svang hjemmets trofaste plejl over de stride rugtvillinger, hængte jeg slaglen på knag - en mundfuld mad i skrutten, skoene på og afsted.

Der er ikke mange hjem i mils omkreds, hvor ikke de har haft mig siddende under det spruttende tællelys til sent på kvælden, mens jeg med blyant i hånd forhørte aftægtsmanden om nisse og trold og alt det, der skræmmer og pusler på lad og loft.

Det var længe før cyklen var nået frem til hedeegnene. Jeg gik nat og dag i al slags vejr. Hvad brød en kæk dreng sig om at løbe en mil hen, en mil hjem under vinterhimlen, blot han havde rigt bytte i lommebogen."

Men det var jo ikke rigtig efter forældrenes hoved. Man kan jo nok sige, at det kun var min "fritider", jeg brugte dertil, men en klør i disse dage havde strengt taget ingen fritider. Al tid var husbondens, og Gud skal vide, at de derhjemme havde mere end nok at bruge disse fritider til. Ganske vist var jeg jo søn af huset, og mine forældre var et par godlidende mennesker, der ikke holdt mig alt for stramt i ørerne; men det jeg ikke fik gjort, måtte de jo holde fremmede til at gøre, som f.eks. simestrygning og anden aftenlig husflid inden døre, som intet hjem kunne lade uænset.

At der af og til har været nogen gnidning mellem mig og mine forældre i den anledning, fremgår også af den brevveksling, jeg på dette tidspunkt havde med Evald Tang Kristensen, som denne omhyggelige samler af småt og stort har opbevaret. Jeg anfører her nogle små uddrag af disse breve til ham. Det første er fra 20. oktober 1883, hvor jeg fortæller ham, at jeg har læst hans "opfordring" i højskolebladet om denne sagnindsamling, der senere resulterede i tidsskriftet "Skattegraveren": "Jeg ville nu gerne være medlem af denne forening, da jeg har stor interesse for det gamle og folkeejendommelige. Jeg har samlet en hel del, som jeg tror ikke har været trykt tidligere, og som, når det bliver omarbejdet en del, nok kan egne sig til optagelse" - nemlig i Skattegraveren.

Jeg skriver igen den 13. november samme år: "De vil se af de vedlagte papirer, at hvad jeg har afskrevet er ikke stort, men jeg håber til fremtiden. Tillige er skriverierne i en alt andet end god orden, men det kan måske undskyldes med, at da jeg er bondekarl, har jeg grumme lidt tid til overs fra mit arbejde, og når jeg skal skrive, skal det ske om aftenen, og det desuden i dagligstuen, hvor en flok støjende børn ikke giver lov til noget som helst studium, så De kan aldrig vente at få noget renskrevet fra min hånd. Vel opholder jeg mig i mit hjem, men det lægger mig mangfoldige hindringer i vejen."

Det er en klage, der hyppig vender tilbage. Således i et brev, formodentlig fra sommeren 1884, hvor det hedder: "De har gentagne gange klaget over min dårlige eller utydelige håndskrift, og jeg skal villig indrømme, at det ikke er uden grund, De klager derover. Grunden til denne utydelighed er, at jeg arbejder strengt hver dag, og arbejdet giver stive, krumme fingre og rystende hænder. Skrivefejl og anden uorden, som mine opskrifter stedse er fulde af, hidrører derimod fra, at jeg må så at sige stjæle mig til at skrive, og når jeg er kommet til det, skal det jo gå raskt, og, som De ser, hastværk ender gerne med lastværk. Mine forældre ynder ikke, at jeg tøder tiden efter først at løbe omkring og indsamle og dernæst at opskrive det, da man især i sommertiden kan have nok at bestille desforuden - efter deres opfattelse. Og det, at forældrene ser skævt til, at man tager en pen i hånden, vækker allerede stor forstyrrelse og tankeuorden."

Denne begyndende kun halvvejs offentlige brug af pen og papir kan dog næppe komme ind under betegnelsen forfattervirksomhed, da den jo, som vi har set, ikke gav plads for nogen som helst personlig udformning af stoffet.- Jeg var kun en slags hurtigskriver, der tog det fortalte yderst mangelfuldt og vilkårligt fra de gamles mund og lod det så gå videre til Evald Tang Kristensen, der besørgede den i høj grad nødvendige affiling, før det gled ind i hans trykte sagnbøger.

Jeg har senere i "Po Fir Glowend Pæl" gjort afbigt for mine svare synder mod de gamle ofte så ganske geniale fortællere. Sådan som jeg der har genfortalt de sagn, som de grånede stabejsere i min grønneste ungdom betroede mig dem, sådan må de have lydt i optegningsøjeblikket. Mit uudviklede og unge øre har bare dengang ikke været lydhørt og skolet nok til at fatte smældet og træfsikkerheden i mine fortælleres fyndstil og mundtlige meddelelseskunst.

Men hele denne optegnende virksomhed på et så tidligt tidspunkt af mit liv har alligevel haft sin egen afgjorte betydning for min udvikling. For det første har den bragt mig i et intimt forhold til min hjemegns ypperligste fortællere, der var fødte sprogkunstnere på deres vis. For det andet har den fået min tanke til at sysle med et stof, der under alle omstændigheder lå over hverdagens og en halvvoksen knægts horisont. I denne tidlige lidt famlende idealisme må jeg søge roden til den modnere alders syssel med beslægtede emner, som der kan findes eksempler nok på både i min lyrik og prosa.

Denne forcerede sagnindsamling led dog et brat skibbrud, gennem den stærkeste sceneforandring, som tænkes kunne, idet jeg i november 1884 ombyttede mit hjem i randen af den store Alhede med hovedstaden, som jeg endnu aldrig havde set, knap nok kunne gøre mig en forestilling om, men hvor jeg foreløbig rejste mine teltpæle for de næste to år.

Det var en flytning, der langt fra var faldet let ud. Men der havde intet udkomme været med den mislykkede søn,

der havde haft det uheld at gå hen og få boglige tilbøjelig-
heder langt ud over den øvrige søskendeflok, der holdt sig
fromt og kristeligt til de afstukne hjemlige græsgange.

Jeg kan nu godt forstå mine fattige forældres dybe sorg
over deres søn, der skejede ud fra fædrenes tilvante livs-
former. Jeg havde den sidste sommer, jeg var hjemme,
yderst få lykkelige stunder. Mine forældre syntes, at jeg
kneb alt for meget tid fra det nødvendige arbejde til mine i
deres øjne så golde, så unyttige og ørkesløse beskæftigel-
ser. Far havde bestandig udsættelser på mit arbejde, mor
klynkede og gjorde mig bebrejdelser dagen lang. Det gik
hyppigt på denne melodunte: "Å, Herre Gud, Jepp', hvi
kan du nu ikke blive et ordentligt, ungt menneske som
dine øvrige søskende! De er jo nu ude hos fremmede og
tjener en god løn og bliver ansete og flinke børn; og se
hvordan anner dje' børn de hjælper deres forældre ved
gård og bedrift. Men du tænker bare på at komme ud og
sætte penge overstyr. Tykkes du, vi har råd til det? Nej,
lad endda disse nykker fare! Tag ud og bliv en dygtig
tjenestekarl som de andre, der kommer hjem med en or-
dentlig løn og hjælper dje' forældre så godt de kan."

Stakkels brave forslidte mor! Hvad skulle jeg svare hen-
de? Hun havde jo ret fra hendes synspunkt, og alle i hen-
des omgivelser bestyrkede hende i, at sådan en knægt
skulle aldrig have sin vilje. Min arvefjende Anders Knud-
sen samlede sikkert den gængse opfattelse af min vidtløf-
tige, halvvoksne person i den udtalelse: "Det er endda
sørgeligt, når jen si bøen tar sådan ud!"

Fra landet til hovedstaden

Men min herlige trofaste lærer Niels Jakobsen svække-
des ikke i troen på sin myndling. Han havde jo gennem to
vintre givet mig gratis undervisning i sit hjem - med et
seminarieophold for øje. Han talte endnu engang så klogt
og overbevisende til mine vankelmodige forældre, at de -
omend med bange suk - gav ham lov at træffe de nødven-
dige dispositioner for min indmeldelse på Blaagaard Se-
minarium. - Jakobsen havde en stor evne til at overbevise
det menneske, som han ville vinde for en sag. Det vidste
alle, at der var intet humbug i ham. Og her, hvor det gjaldt
om at føre mig ind på den samme sti, som han selv havde
trådt, og højere stiledes der ikke, kunne han jo bestandig
henvise til sit eget smukke eksempel. Han var selv det
fattigste barn, der havde måttet bryde sig en livsvej under
den hårdeste modstand. Hvad skulle der være blevet af
ham, hvis ikke han havde fået gæve mennesker til at tro
på sig? Så var han såmænd også blevet siddende derude i
sit sogn som en lille hedehusmand med alle veje spærret!

Jeg havde da i højeste grad grund til at være min gode
lærer taknemlig endnu engang. Det blev jo imidlertid ikke
som skolelærer, jeg kom til at hænge mit skjold på væg-
gen. Men jeg måtte gennem denne beskedne port, før jeg
kunne nå frem til endnu højere porte. Og foreløbig viste
vejpælen: Blaagaard Seminarium.

Når valget kom til at falde på denne læreanstalt og ikke
på en af de mere landlige, som man skulle synes måtte
være blevet foretrukket både af mine forældre og lærer
Jakobsen, tror jeg, at det har været mig selv og mit rigtige
instinkt, der her er sat ind. København må have haft noget
eventyrligt og forlokkende for mit unge, opvakte sind. Og
at jeg ikke har haft til hensigt, i hvert fald ikke i første
omgang, at tage skolelærereksamen, fremgår deraf, at jeg

lod mig indskrive på realholdet, hvor man bare kunne tage
præliminæreksamen, der ganske vist til nød kunne bruges
som første del af skolelærereksamen, men langt hyppigere
førte hen til studentereksamen. Og når jeg endelig skulle
til København, hvad Jakobsen altså har bøjet sig for, har
Blaagaard sikkert været det sted, hvor han helst så mig
optaget.

Her var forstanderen den snurrige og på mange måder
mærkelige Jeppe Tang, hvis folkelige og grundtvigianske
færd både hjemme og ude i landet der gik talrige sagn om.
Ikke sjældent havde både Jakobsen og jeg set hans portræt
og levnedsløb i dagens folkelige ugeblade, jeg tror også i
Husvennen, som jeg havde holdt gennem flere årgange.
Herigennem vidste vi, at han var et fattigmandsbarn fra
Stabyegnen, siden tjenestekarl og engvandingsmand, der
havde fået bønderne på sin hjemegn til at tage et får i græs
for sig, et her, et der, indtil han en skønne dag var ejer af
en hel flok, som han solgte på én gang, så han nu pludse-
lig kom til så mange penge, at han kunne tage på Ranum
Seminarium og lade sig uddanne til skolelærer. Sådan har
mangen en fattig knøs måttet hutle sig igennem, og Tang
var ikke den vageste. Gennem hele sit liv røbede han en
ypperlig forståelse af tilværelsens økonomiske side. Han
skrev dusinvis af folkelige lærebøger, snart bibelhistorier,
snart fædrelandshistorier, der kunne fås i forskellige stør-
relser, som ens penge var til, næsten som kager hos kondi-
toren. Alle sammen efter hans store læremester Ludvig
Christian Møllers folkeyndede og stærkt grundtvigskfar-
vede måde.

Lærer Jakobsen kendte godt Tangs skolebøger og vidste
deres fortrin, og det kan også have bragt vægtskålen til at
synke i Blaagaards favør.

Nok er det! Jeg kom til København den 4. november
1884. Men atter her kommer det forbavsende, at jeg ikke
kan huske et suk om denne rejse, og hvad der dér har måt-

tet hænde mig. Ja, jeg ved end ikke, om jeg er rejst over
Bælterne eller med damperen fra Århus. Denne sidste
rejse gjorde jeg dog talrige gange senere, fordi den var
den billigste. Mange nætter har jeg her haft mit leje i en
tovrulle på dækket, hvor jeg så op i de kendte funklende
stjerner eller frydede mig ved den brede morildsstribe, der
udfoldede sin eventyrlige pragt i skibets kølvand.

Men som sagt, om denne min første invasion i Køben-
havn mindes jeg intet, før jeg står foran den gamle, tegl-
stensrøde facade, der lå skummelt tilbagetrukket ud mod
Blågårdsgade. Det var småt bevendt med elevkamre på
denne anstalt, til trods for at bygningen for mine øjne
nærmest så himmelstræbende ud. Jeg havde vist egentlig
aldrig før set et hus, der var over to etager, og knap nok
det. I hovedstaden derhjemme, som Skive var, var der kun
små gule huse fra Frederik den Sjettes tid, næsten uden
undtagelse på én etage. Således syntes alle huse her i Kø-
benhavn mig sande skyskrabere, og seminariet med sine
tårne og krinkelkrogede udbygninger da ikke mindst.

Men det imponerende forsvandt, da jeg blev ført om til
det rum, der skulle udgøre mit fremtidige paulun. Det
måtte søges i en dyb og fugtig kælder i den alleryderste
baggård. Her gik vejen forbi en række uhyggelige skral-
despande ned ad en sort væskende stentrappe til en gang
med gule teglsten i bunden. Her skulle eleverne ligge
sammen to og to, hvad jeg syntes var så farlig hjemligt.
Det var jo overalt højskoleskik dengang. Hver måtte have
en halv sengs tøj med på ryggen, når han søgte til disse
anstalter, og Tang var jo en folkelig mand med sans for
økonomi; derfor praktiserede han den samme metode
uden hensyn til, at man her var i hovedstaden. Det kunne
såmænd også godt have gået an, hvis min sluf eller senge-
kammerat - en hr. Bonde - havde haft et blidere sindelag,
men det var lige så hårdt som de hæle, hvormed han tug-
tede mig, når jeg kom ham for nær under dynen. Han var

en stor firskåren sjællænder, der søgte uddannelse med forstvæsnet for øje, og han tog helt monnet fra mig usselige maddike, der ikke duede til at sparke mig til rette, hverken i eller uden for sengen. Da jeg havde ligget sammen med denne brutale knægt en nat over, rev jeg mine klude til mig, tog klunset på nakken og fandt et hul med en tom træseng. Der slog jeg mig foreløbig til ro. Hvordan forstmanden klarede sig, husker jeg ikke. Men det var jo i november måned, en hæslig rå og fugtig kælder var det, og det kneb nederdrægtig med at holde varmen i "den halve sengs tøj". Så var der en betænksom kammerat, der gav mig det råd at få fat i en halmmadras. Ja vel, men det var naturligvis dyrt, mente jeg. Åh, det kunne næppe blive så farligt. Han kunne give mig anvisning på en arbejdsløs, der sikkert ville kunne lave mig én for små penge. Ud på eftermiddagen stod der så en arbejdsmand i kælderen med genstanden og spurgte, om det var mig, der skulle have madrassen. Javel, hvad den kostede? Han forlangte 8 kroner. 8 kroner! jeg så forfærdet snart på manden, snart på "madrassen", der bare bestod af en stor sækkelærredspose fyldt med langhalm. Jeg glemte helt, at jeg var i København; derhjemme kostede halmen jo da aldrig noget, og den elendige sæk! Hjemme var jeg jo også vant til at sige du til alle. I min iver kom jeg nu også til at dutte ham. Manden blev ondskabsfuld, det viste sig, at han havde taget forskud på betalingen. Han lugtede ret kraftigt af brændevin. Han titulerede mig møgbonde, en snottet dreng, der sagde du til ham! Han gjorde et skridt henimod mig; den stod på øretæver. Han skulle gå til forstanderen. Han skulle gå til politiet; han skulle - som han kunne bande! - rive hele den forbandede kasse ned for fødderne af mig, hvis ikke han straks fik sit udlæg; for han tjente ikke en rød øre på det møg! Han havde gjort det af stor velvilje, fordi den anden havde bedt ham om det, og så skulle han nu lønnes så harmeligt. Menneskevennen græd og gjorde ny udfald mod min i den mørke kælder indespærrede person. Med nød befriede jeg mig ved at betale salæret, hvorpå han knurrende forsvandt op af kælderhalsen. Det var Københavns første velkommen til mig. Senere blev vi jo helt gode venner.

Da jeg nu havde fået mit underlag i orden, frøs jeg ikke så meget om natten, og jeg kunne begynde at orientere mig på det nye sted. Min genbo var en bondefødt, knudret og rødhåret ungersvend på min egen alder, men omtrent dobbelt så høj og bred. Han hed Lars Christian Povlsen, den senere kendte C. Staun, forfatter af "Proletardrengens Læreår". Han var kommet ind fra en af Østhimmerlands herregårde, hvor han på engene langs Limfjorden havde passet stude hele denne sommer, så han havde fået 80 kroner på lommen. I retmæssig besiddelse af denne formidable sum imødeså han med et velhavende smil sin fremtid her i denne rottekælder på Blaagaard.

Jeg droges straks af denne mærkelige skikkelse, der knap var kommet inden for seminariets dør, før han ved en elendig skillingslampe og med et par store, blå briller for øjnene havde kastet sig over Kapers tyske grammatik, endda vi endnu ikke havde fået lektier for af nogen art. Han viste kendskab også til andre fremmede sprog. Han havde nok ikke bare søgt efter vibeæg på Nibe våde enge, men hyppigere haft en skolebog i hyrdetasken.

Jeg fik det - om end i stærkere grad - med ham her på Blaagaard, som jeg havde haft det med Byskov på Staby. Vi blev et par uadskillelige kammerater, så længe vi var på Blaagaard, der ingen dag var fra hinanden. Han fik gennem disse ungdomsår en ret enestående betydning for mig. Vi var vokset op i omtrent det samme miljø; men han var mig i de fleste fag langt overlegen. Han tilegnede sig helst sprogene gennem selvstudium. Ingen grammatik var ham for tør og knudret. Ingen tysk periode eller sætningsføjning for slynget og indviklet. Med en god stang-

skrå i munden klarede Povlsen enhver grammatikalsk som
aritmetisk vanskelighed. Men det tog tid. Somme tider så
lang tid, at jeg tabte tålmodigheden. Povlsen derimod gav
aldrig op. Det er ikke få nætter, han har tilbragt ved sin
lille køkkenlampe for ud på morgenstunden at kløve mine
eller andre kammeraters "opgaver". Fik han engang imel-
lem en kop kaffe derfor eller en ringe klat smør af det
lifligt hjemmekærnede græssmør, som min mor vedblev
at sende mig, mens jeg studerede, følte han, at han havde
fået fuldt vederlag. Povlsen var i den henseende en stor
idealist.

Som han i skolefagene var et langt hestehoved foran
mig, sådan var han også på andre områder den førende.
Kun hans politiske og sociale interesser var minimale. Til
gengæld havde han en indgroet hang til at fordybe sig i
enhver realistisk bog, der kom inden for hans lange armes
rækkevidde, og havde han selv læst sådan en rigtig god
bog, der kradsede op i tingene og rigtig for ramme alvor
"satte problemerne under debat", var Staun aldrig sen til
at lade bogen gå videre til mig. Og det var netop i de år, at
realismen og radikalismen havde deres højkonjunkturer.

En måned før jeg kom til hovedstaden, havde Hørup
udsendt første nummer af sit dagblad "Politiken", og der
stod broddede kampe mellem skolens elever og dens for-
stander, om dette blad måtte læses indenfor i hans skole.
Den grundtvigianske og i mange henseender reaktionære
Jeppe Tang mente nej. Men eleverne gjorde oprør. De
havde søgt en skole her i hovedstaden, fordi de antog, at
den husede mere frie ideer, end der kunne ventes af en
seminarieledelse i provinsen. De ville have lov til at stifte
bekendtskab med tidens egne tanker. Blandt eleverne var
der mange modne og af livet stærkt prøvede mænd. Der
var således den senere i så mange henseender kendte H.
N. Rosenkær (som københavnervittigheden senere døbte
manden med spaden), en fynsk landsbyvæver, der i 30-40

års alderen var taget fra kone og 5 børn for at sætte sig på skolebænken her hos Jeppe Tang.

Denne mærkelige lille spruttende og rødmossede fynbo blev gennem sin vævre og dristige personlighed en naturlig fører for oppositionen. Eleverne holdt under hans førerskab stormende protestmøder mod Tangs formynderskab. De dannede en selvstændig læseforening, hvor det fortrinsvis kom an på at stifte bekendtskab med den realistiske litteratur og de radikale blade. Tang måtte give sig. "Politiken" lå som i en glorie på læseforeningens bord og blev læst sønder og sammen af de unge brushoveder. Denne skolefejde var allerede begyndt i de ældste hold, før Staun og jeg kom ind på skolen. Vi var på grund af vor ungdom ikke aktive under kampen. Vi fulgte den dog med uskrømtet sympati på Rosenkærs side og var af et godt hjerte med til at nyde af sejrens frugter.

"Politikens" ide og frisind tiltalte fra første færd min ungdommelige trang til opposition, der jo var blevet vakt allerede i mine første landsbyskoledage, da kammeraterne gav mig stryg, fordi jeg bar Viborg Morgenblad hjem til min radikalt farvede far. Men også hvad litteraturen angår, sprang jeg her på Blaagaard straks på hovedet i tidens brusende strøm.

Dønningerne fra J. P Jacobsens Niels Lyhne (1880) gik endnu med kraftige bølgeslag igennem både litteratur og presse. Henrik Pontoppidan udsendte en gang om året en af sine skærende og ætsende små samfundsfortællinger, der alle optoges i vor læseforening og blev slugt af Staun og mig, når det var vor tur på den overtegnede liste at komme til.

Selve seminariet havde også en læseforening, hvorfra bøger kunne lånes hjem på hyblen, men den var jo under forstanderens øjesyn og bestod derfor næsten udelukkende af den ældre guldalderdigtning. Men et års tid forinden jeg kom på Blaagaard, havde skolen fået en ny lærer, en københavner, J. P. Jørgensen. Endda han - om jeg husker - var teolog, var han i mange henseender et moderne menneske, der i hvert fald på litteraturens område var alt andet end reaktionær, men viste stor sympati for realismens digtning. Han var blevet sat til at forestå udlånet fra skolens bibliotek. Han sørgede for gennem sine indkøb, at de bedste og mest omstridte værker inden for samtidens litteratur blev indlemmet i dens bogsamling. Staun havde tidligt gjort denne unge lærers bekendtskab. Han rådede nu også mig til at søge ham, hvad jeg ikke var sen til. Gennem vor samtale kunne Jørgensen forstå, at jeg gerne ville smage på en mere krydret kost i litteraturen, end den jeg var vant til, selv om jeg endnu var alt for bly og undselig til at røbe min egentlige trang. Men den flinke Jørgensen forstod en halvkvædet vise. Han tog et bind ud af hylden og stak mig det i hånden. "Prøv så den," sagde han, idet han skubbede mig ud ad døren. Endnu før jeg var kommet ud på gårdspladsen, havde jeg åbnet bogen. På titelbladet stod at læse: Karl Gjellerup: Det unge Danmark. (1879). - Det blev således den første bog af realismens digtning, som det faldt i min lod at læse. Naturligvis et ret tilfældigt valg, fordi de bedre bøger den dag ikke var hjemme; nu forekommer det mig en såre tam, ja, næsten flov bog, men jeg husker godt min nyfigne forbavselse under læsningen, alle forfatterens dristige billeder og ungdommelige let gennemskuelige udfald mod ortodoksien og hele den gamle katekismustro, så jeg afvekslende droges og frastødtes; dog mest det første.

Det var som det knitrede og sprudede i ens sind, som håret under læsningen brændte én om ørerne. I ca. 20 år derefter rørte jeg aldrig en bog af den gamle guldalderdigtning, uden når jeg for skams og eksamens skyld var nødt til det. Men al min læsning blev herefter afgørende bestemt af min hang til at følge realismens fane og lade dens bøger og ideer gennemsyre hele min opfattelse af livet og samfundet.

Men jeg skulle komme realismens digtning endnu nærmere på livet. - På skolen var der også en foredragsforening, hvor eleverne hver lørdag samledes enten om egne diskussioner eller om en fremmed foredragsholder.

På denne talerstol stod en aften som oplæser digteren Sophus Schandorph. En herlig, jovial og gemytlig herre i rundbuestil, der strålede til alle sider af humør og sarkasme. På talerstolen stod en flaske portvin. Det udgjorde hans eneste honorar. Det vidste han. Schandorph fugtede hyppigt gejsten med vor - sikkert ikke alt for udsøgte - portvin og læste med realistisk kunst og lune et par af sine groftskårne sjællandske noveller, så hans tilhørere lå flade af grin. Det var den første gang, jeg havde set en digter, tilmed en af dem, hvis navn hyppigt var fremme i "Politikens" spalter, hvor det som oftest nævnedes side om side med Drachmanns og Georg Brandes'. - Sådan var verden mig hver dag ny. Næppe én dag, der ikke bød på en lille overraskelse. Jeg sugede den ny tid ind gennem alle porer, mens jeg mere og mere fyldtes af hån og overbærenhed med det, jeg havde levet i derhjemme.

En ny Erasmus Montanus var under udformning. Ikke en, der som den gamle struttede af syllogismer, latinske gloser og narrestreger, men en som var fyldt til halsen af alt det, som moderne var, inden for litteratur og nyttefilosofi, halvfordøjede floskler og spekulationer over Gud og tilværelsens gåde, der "frygtløst bekrammedes af poge". Men en skøn tid var det, og i min barnlige uforstand troede jeg at have forstået det alt sammen, længe forinden jeg endnu havde nemmet tilværelsens abc. Til hjemmet og fødesognet følte jeg ikke mere den ringeste dragning. Heller ikke lærer Jakobsen tænkte jeg mere på end ligetil. Han var jo dog, når alt kom til alt, en reaktionær Per Degn, der troede, at jorden var flad som en pandekage.

Med smil måtte jeg nu tænke på de litteraturbind, der stod i hans bogreol; der var jo ikke fugls føde i dem, syntes jeg nu, og Jakobsens religiøse sindelag, hans evindelige af-haspning af trosbekendelse, Fadervor og bordbøn, tænkte jeg nu alt sammen på med et selvretfærdigt smil.

Sådan gled dagene derinde i den store by under megen hidsende læsning; og den spændte hjerne berusede sig i den nye, stærke vin, mens jeg fyldtes af en lidt for barnlig og naiv selvglæde, og den verden, hvor jeg dog, når alt kom til alt, havde min rod, syntes at ligge fjernt, fjernt bag et umådeligt bredt og diset hav.

Under alt dette fulgte jeg undervisningen på skolen uden nogen større glæde, også - hvad der var mest mærkeligt - uden at lægge nogen særlig evne for dagen. Efter min stilling i landsbyskolen derhjemme, hvor jeg altid havde været en flot nr. 1, kunne man med grund have ventet, at jeg ville have udmærket mig i et eller andet fag på real-skolen; men det gjorde jeg aldeles ikke. Det var såmænd i al jævnhed det hele. I adskillige fag som matematik og de levende sprog tysk og engelsk, måtte jeg snarere karakte-riseres som en doven knægt, for ikke at sige et drog. Grammatik har ingen djævel nogen sinde kunnet få mig til at lære. Også i geometri og algebra måtte jeg betegnes som en jævn klodrian, der hyppigt gav blankt op og slet ingen lyst havde til at spænde evnerne. Jeg var kort sagt som eksamenshest en mådelig krikke. Nøjagtig som fler-tallet, der brugte tiden til alt andet end det, jeg som en fattig knægt burde have brugt den til, men som så hen-imod eksamen - for skams skyld - spændte senerne, arbej-dede dag og nat som en russerhest og kom igennem uden skandale, men også uden nogen som helst glans eller overraskelse. Et gode har jeg altid kunnet glæde mig ved under eksamen, min urokkelige ro; aldrig nogen lampefe-ber! Det har fulgt mig op igennem livet, hvor jeg den dag i dag ustandselig nødes til at gå op til "eksamen". Mine ikke så få premierer på teatrene, der ellers nok kan tage på nerverne, mine hundreder og atter hundreder af foredrag, hvor man bestandig skal stå over for nye, mægtige forsamlinger - lampefeberen er for mig et ukendt begreb! Det, som andre går til med rysten og bæven, koncentrerer hos mig bare hjernens spændkraft, så jeg er aldrig i bedre form, end når jeg går ind foran det højtærede publikum.

Jeg har da også nogle gange været i virkelig dødsfare, især én gang da min bil på en bakkeskråning begyndte at gå baglæns, mens chaufføren ligbleg tumlede med rattet og erklærede det umuligt at holde styr på vognen. Jeg sad i den overfyldte bil med den sikre bevidsthed, at dette sandsynligvis var nogle af mit livs sidste øjeblikke, men jeg havde under denne vilde rutschen nedad ikke den mindste hjertebanken. Først bagefter, da situationen som ved et mirakuløst snuptag alligevel vendte sig til det bedre, overfores huden af nogle mærkelige gysninger.

Men for atter at vende tilbage til Blaagaard, så var der blandt lærerne ingen, der udmærkede sig ved noget usædvanligt. I hvert fald ikke hvad deres undervisning angik. Jeppe Tang, forstanderen, var en underlig ujævn, som oftest forvrøvlet idealist, som havde fået de grundtvigske eller var det de koldske undervisningsmetoder i den gale hals. Han mødte hyppigst til undervisningen i slåbrok og morgensko. Var han i godt humør, satte han sig på sine knæ på taburetten for enden af det lange skolebord, med overkroppen så langt ind over bordskiven som vel muligt, og mens morgenskoene strittede bagud som en svømmehale, fortalte han snart om Abraham, snart om Napoleon eller madame Pompadour med mange vidtløftige svinkeærinder og tankespring fra det ene over i det andet. Hyppigt blev fortællingen afbrudt af kåde tilråb til eleverne, et jysk: "Hwa'!" eller han midt oppe i en anekdote lo en skraldende latter, så hans bukkeskæg skælvede, mens han knaldede morgenskoene sammen bagude som et par bankefjæl. Ingen kunne tage den grinagtige, gamle bulderbasse, hvis hoved havde en fjern lighed med Frederik den Syvendes, højtidelig, og hans undervisning kunne knap have fortjent dette navn i en middel landlig børneskole.

Hyppigt lå der et syndens hus på seminariet, hvor eleverne havde hundrede ting at klage på. Tang havde mikset det hele sammen i en forunderlig blanding af "hold", hvoraf nogle skulle til én side, andre til den stik modsatte. De fleste følte sig brøstholdne, og syntes at undervisningen havde alt for mange svinkeærinder. Sådan førte de Tang'ske metoder tit til sammenrottelse blandt eleverne. Det hørte til de hyppigste skolebilleder fra Blaagaard, at en flok oprørere stod i den stille sommeraften på seminariets brede hovedtrappe og så forbitret beslutsomme ud, mens "deputationen" - et udvalg af kammeraterne - var inde på kontoret og holde rigsdag med folketingsmanden. Det gik tit højrøstet til. Tang afvekslende råbte op og græd for de åbne vinduer, så vi usle maddiker i nederste afdeling - der ikke var blevet værdiget en henvendelse - gratis kunne nyde skuespillet fra vore kælderlejligheder.

En enkelt gang, mens jeg opholdt mig på skolen, slog elevernes misfornøjelse ud i åben brand. En artikel i Jeppe Tangs modstanderorgan "Avisen" (2. marts 1885) taler et meget tydeligt sprog, som Jeppe Tang Andersen Tang aldeles ikke misforstod. Den anonyme forfatter, en lærersøn fra Vestjylland, der lever den dag i dag, og som skalkeskjul brugte mærket "en ven af sandhed i gerning" - skriver blandt andet: "Da Blaagaards Seminarium af landbefolkningen bliver betragtet som en særlig demokratisk anstalt og derfor søges af mange unge mennesker, der forbereder sig til lærergerningen, turde det vist ikke være af vejen at oplyse, hvordan hr. Tang, forstander og folketingsmand, behandler de elever, der betror sig til hans omsorg. Som bekendt fås undervisning, kost og bolig på Blaagaard for den fabelagtige, billige pris af 384 kr. årlig, men dette bliver først forståeligt, når man kender de værelser, som hr. Tang vover at byde sine elever. Mangen rask og sund elev har vistnok tilsat sit helbred ved et halvt års ophold i disse mørke, kolde, uhyggelige og snævre kælderceller, og selv de bedste værelser er så uhyggelige og ubekvemme, ret som det var lavet med forsæt." Slutningen af artiklen indeholder et krast angreb på den ovenanførte sammenrodning af klasser og hold, som nok var denne undervisningsanstalts svage punkt.

Denne hvasse artikel fik en art forsvar i "Morgenbladet" (7. marts 1885), der giver sig ud for at være ført i pennen af det yngste hold, hvortil jeg hørte. Med hensyn til de slette elevkamre spørger her forsvarerne, hvor meget der kan forlanges af et værelse, der betales med 2,50 kr. månedlig: "De fleste værelser er dog således, at den, der kommer fra landet hertil, næppe har grund til klage, og når der klages, hidrører det i de fleste tilfælde kun fra en stor forvænthed."

Sluttelig træder ældste hold ind på scenen. De er, efter eget udsagn, kaldt frem til forsvar af selve forstanderen, og da de skal være hans kernetropper, ser det ikke alt for godt ud for ham. De er - for det første - nægtet adgang både til "Morgenbladet" og "Politiken", og må da tage til takke med "Avisen" (23. marts 1885) - Tang har nok sukket: "Gud fri mig for slige forsvarere!" Thi med hensyn til kardinalpunktet, de slette elevkamre, siger de: "Når en "ven af sandhed i gerning" skriver, at "selv de bedste værelser er så uhyggelige og ubekvemme, ret som det var lavet med forsæt," så anser vi en sådan udtalelse for noget overdreven; men på den anden side kunne vi ikke skønne rettere, end at der skal en stærk fantasi til for at kunne kalde Blaagaards kælderlejligheder sunde og passende opholdssteder for mennesker." De oplyser tillige om, at den månedlige husleje ikke er 2,50 kr., med mindre der vil bo to elever sammen. Heller ikke undervisningen i almindelighed er disse Tang'ske hjælpetropper mere end jævnt hen fornøjede med, så "Avisens" redaktør kan slutte med følgende replik til sin politiske modpart: "Summa summarum: Forholdene på hr. Tangs højskole er langtfra så gode, som de burde være, når hr. Tang ikke kan få et bedre forsvar end ovenstående."

Ak nej! det var ikke altid behageligt at være i den joviale forstanders sted.

Den lærer, som realklassen havde mest med at gøre, var sallingboen, landinspektør Andersen. Han var en hyggelig, gammel mimreskæg, der listede så forsigtig omkring i broderede morgentøfler og gned sine gamle, overkridtede hænder, som han altid frøs om. Han ville så gerne fortælle anekdoter fra sit hjemland Salling og Mors. Med det gik ofte mere end halvdelen af hans matematiktime.

Skolen delte hyppigt sine lærere med andre anstalter inden for hovedstaden. Den ene var den kendte litteraturhistoriker og oversætter, Frederik Winkel Horn, der boede på skolen og havde engelsk med os. Han var på mange måder en frisk og fornøjelig lærer, der drev nogle farlige løjer i timerne, men også kunne tage sig i det og gøre en kraftig "spurt" ind på lektien. Men al engelskundervisning dengang var jo efter den gamle metode uden ethvert begreb om fonetik, og til trods for at jeg senere kom til at læse ret betydelige bunker af engelsk litteratur, har jeg dog alt mit liv måttet lide under denne såre mangelfulde, ufonetiske undervisningsmåde. Da jeg senere kom til England, kunne jeg, til trods for al den læsning jeg havde bag mig, dårligt forstå en glose og ingen forstå mig. Sådan har jeg haft det med omtrent alle levende sprog. Jeg læser adskillige uden vanskelighed, men gælder det at tale dem, forstår jeg til gavns kun ét: det jyske.

Den mærkeligste personlighed blandt lærerne var den, vi havde mindst, kun til nogle få historietimer, nemlig den kendte politiker N. J. Larsen. Når ikke han fulgte Berg ude i landet som en bidsk agitator eller var optaget af møder i finansudvalget, sad han ofte på den lave taburet i vor midte i Blaagaards skolelokale. Der var noget sirligt og fornemt over denne politiker, selv om han stammede fra et par sjællandske husmandsfolk. Hans lange, sorte skødefrakke fejede gulvbrædderne rundt om taburetten, på hvilken han sad, mens han med sit spirituelle vid og under ustandselige småhark i sin nikotinforgiftede strube karakteriserede en eller anden politiker i verdensformat: en Gambetta, en Bismarck, en Cavour - alt sammen med spidse, sikre strøg, altid nye, aldrig kedelige. Til sidst opslugte politikken ham aldeles. Hans gule, utroligt magre Voltaire-fysiognomi viste sig aldrig mere imellem os.

Som jeg også tidligere har bemærket, har jeg aldrig duet noget videre til at gå på kursus, lige så lidt som til at høre på foredrag, når disse sidste da ikke var åndrige. Det mundtlige ord har vejet så lidt for mig. De store indtryk er bestandig kommet til mig gennem læsning og selvstudium; ikke gennem øret, men gennem øjet. Det var da her på Blaagaard heller ikke undervisningen, der interesserede mig. Den brugtes bare som et skalkeskjul, et skærmbræt, bag hvilket jeg tilegnede mig hovedstaden og alt det i den, der var mig tilgængeligt. Også på denne skole var det livet med kammeraterne, der fik hovedbetydningen. Det er stadig det, der nu lever i forgrunden af min erindring, mens lærerne går omkring som nogle mere eller mindre konturløse og temmelig udviskede baggrundsfigurer.

Det var et underligt rørsammen, den gruppe unge mennesker, der opfyldte Blaagaard og dens beklumrede lokaler i disse år. Her var naturligvis en del lærersønner, men langt flere gårdmandssønner, der kom ude fra sjællandske venstrehjem, der havde sendt afkommet her ind til Jeppe Tang, fordi han gjaldt for at være en morderlig gæv demokrat. Her var ikke så få ældre, skæggede svende, tilmed gifte mænd med en stor børneflok hjemme. Folk, der

havde fået livsskuden boret i sænk under sig, og som nu
var kravlet i land her for at prøve livet på en ny facon.
Arbejdsløse håndværkere, fallerede landhandlere; kort
sagt strandingsgods, der nu skulle prøve på ved et snuptag
at få en skolelærereksamen, så at de på ny under betryg-
gende forhold kunne krybe i læ med konen og alle unger-
ne. Denne sidste kategori af elever havde det bitterligt
ondt. De sad her alle på lånte penge, længtes stadig efter
hustru og hjem, havde mistet den åndelige spændkraft
under livssejladsens bestandige modvind. På grund af
deres små kår, og fordi de skulle dele smulerne med dem,
der sad og halvsultede derhjemme, led de som oftest selv
nød, hvad der gjorde dem endnu mere uskikkede til den
forcerede eksamenslæsning. De snublede, når det gjaldt.
Det var hyppigt dem, der faldt til eksamen. Somme tider
prøvede de igen, efter at kammeraterne havde samlet lidt
penge ind til dem. En enkelt klarede sig omsider igennem.
Men de fleste gik rabundus, pakkede klunset sammen og
tog tilbage til familien for at forsvinde i landproletariatet.
   Men her var jo også andre kammerater. Kommisser eller
endnu mere ubestemmelige individer, der holdtes her på
skolen af en eller anden velhavende tante. Unge sprader,
der aldrig havde været vant til at bestille noget ordentligt,
der kun modstræbende fulgte timerne, men mest gik på
strøget, anlagde "havelock" og flagreslips og viksede
overskægget efter sidste mode, drak deres eftermiddags-
cognak på de små, stærkt frekventerede hjørnecaféer, der
var oprettede i kvarteret med seminaristerne for øje.
   Fordi skolen lå her, omend på en af "Broerne", så dog til
alle hjørner og kanter omgivet af hovedstad, blev livet
blandt selve eleverne ligesom mærket af spredthed og
planløshed uden for skoletimerne. Det var vanskeligt at
samle dem om noget som helst, da selve den store by trak
i dem som et sugeværk. Så var der en teaterforestilling
eller koncert, så et politisk møde eller et foredrag med et

kendt navn. Derfor var der heller ikke noget ved diskussionerne lørdag aften, da de bedste af eleverne som oftest savnedes.

Alligevel var det på Blaagaards talerstol, at jeg indledte min karriere som debattør og foredragsholder. Jeg var nu en knøs på 18-19 år. Alt det nye, jeg havde læst og oplevet, lå mig ganske ufordøjet i kroen, men sydede og gærede indtil sprængning for at give sig udladning på én eller anden vis. Men jeg beherskede jo endnu slet ikke sproget, langt mindre mit brusende følelsesliv, så udtrykkene faldt svulstige og kejtede ud og fremkaldte selvfølgelig latteren hos mange af de langt mere drevne blaseret "viderekomne" blandt kammeraterne. Jeg må have gjort en højst mærkelig figur imellem de andre, der bestræbte sig for at tale sirligt og dannet og i beherskede vendinger, der var beslægtet med deres danske stilebøger; de kunne kredse omkring emnet, altid ulogisk, altid taktfuldt, omend yderst farveløst.

Til daglig var seminaristernes klædedragt såmænd tarvelig nok, både flosset og fedtet og temmelig ubørstet; men om lørdagen var der en vis kappelyst om, hvem der kunne lapse sig mest, og lærerholdet, der om få måneder skulle op til afgangseksamen, havde allerede anlagt det dengang så yndede stive skjortebryst, der som et bulet lærdomspanser gik helt ned over maven med et par åbentstående skildpaddeknapper i vesten og helst en lang, omend tynd guldkæde ned til vestelommen eller op til lorgnetten. Men jeg var, i hvert fald i den første tid inden modernismen tog også mig, en uforbederlig vestjyde, der blev ved at sige "a" trods alle spotterier og ikke for min død kunne bekvemme mig til at aflægge den sorte krave. På elvbilledet fra sommeren 1885 har jeg dog som et offer til fotografens kanon - vistnok første gang i mit liv - anlagt en slags hvid krave, dog uden spor af flip eller slips, så jeg får et højst halvpåklædt udseende. Udtrykket er mørkt og

misfornøjet, som stod jeg og ærgrede mig over dette brud
med fortiden.

Om mine unge års følelser for det smukke køn har jeg
fortalt indgående i "Bondens Søn", jeg har da her kun lidt
at tilføje om dette uopslidelige emne.

Da jeg kom fra landet til hovedstaden, havde jeg knap
kendt en eneste kvinde. Jo, skoletøsene; især var der en
nabodatter, som jeg holdt mig meget til. - Vi var lige gam-
le, og vi gik i skole sammen og legede sammen hele min
barndom oppe i "æ såndgraw", en herlig sandbakke få
favne øst for min fars gård, som var overgroet af stargræs
og vild timian, og som lå midt imellem min fars og Troel-
ses ejendomme. Vi var enige og uenige, som børn er.
Omkring konfirmationsårene kom jeg jo bort fra egnen.
Min legesøster blev ved at bo på randen af sandgraven,
hvor hun da bor endnu som gift kone. Sådan lever jo bon-
dekonen. Et ophold på et hotel bare en nat ville for hende
være en verdensbegivenhed. Sådan var det i min barn-
dom, og sådan er det den dag i dag.

Denne min legesøster var en smuk pige; men det havde
jeg ikke tænkt på. Vi legede sammen, vi vogtede sammen
og intet videre, hverken dengang eller senere.

Tidlig kom jeg ind under Grundtvigs påvirkning i lærer
Jakobsens hjem. Der har jo altid været lidt overspændt i
den bevægelse. Jeg gik heller ikke fri. Al uskyldig el-
skovsleg blev anset for foragteligt. Jeg var en ung mand
med "karakter" lige fra de første ungdomsår. Jeg tænkte
på alt andet end erotik; på store ideer, frihed og folkebe-
vægelse, alting på de høje nagler.- Pigerne gav jeg mig
intet - eller så godt som intet - af med. En af grundene var
jo nok den, at jeg aldrig havde fået lært at danse, derfor
kunne jeg altid ved gilderne få tid til at stå og belure de
andres tosserier, og som "en belæst mand", hvad jeg alle-
rede tidlig var, følte jeg mig stærkt hævet over dette hur-

lumhej. Pigerne gik også ligesom lidt sky forbi mig. Jeg kunne jo ikke danse, og jeg var vist også en sær én. Jeg var også meget genert i de yngre år, havde ingen naturlige gaver til at snakke til de unge piger, men jeg havde gaver nok til at iagttage både dem og deres meddansere. Jeg husker fra et af gilderne - som gårdmandssøn blev jeg tit inviteret til gilderne - selv om jeg ikke dansede; som sagt, jeg husker et lille træk. Det må ligge helt tilbage til mit 15. eller 16. år; vi var nogle mandlige gæster kommet ind ad gangdøren i nattemulmet og stod nu i den snævre for-stuegang og ventede på at blive budt velkommen. På en gang kom husets skønne datter ud med et lys i hånden og kastede et raskt blik hen over de ankomne og begyndte at give hånd til dem alle sammen. Jeg stod ved siden af en ældre karl, som der sagdes om, at han gik på friersko til husets datter. Det undrede mig en del, da han var en snes år ældre end hun. Da den skønne Marianne havde givet hånd til alle, nåede hun også frem til mig og min side-mand, og jeg fik mit håndtryk, som de andre havde fået, men Peter, altså kæresten in spe, han fik sgi' ingen. Da var jeg sikker på, at dem var der noget imellem, som ikke alle måtte vide, og året efter var de gift. Jeg kan endnu se hans usigelig forlegne ansigt, da Marianne gik forbi ham uden at byde hånd; det skulle naturligvis se ud som en for-glemmelse fra hendes side, men hun var inderst inde så bevæget og i den grad ude af stand til at stå for de andres forskende blikke, at hun foretrak at gøre kort omkring og forsvinde med lyset gennem stuedøren. Men Peter fik altså revanche senere. Sådan er bønder, nogle underlige gråspurve. Dette her var en blyhed, men i næste øjeblik kunne man finde dem i situationer af den største dristig-hed. I den gård, jeg tænker på, var der, inden man nåede storstuen, hvor der dansedes, et lille vindueløst kammer, hvor der til venstre stod en opredt seng. Det var et farligt sted at have en seng stående, og når man var kommet hen

over midnat, kunne man da også finde både et og to par,
der havde slængt sig tværs over denne seng med benene
helt ud foran døren, så man ikke kunne gå ind i danses-
alen uden et sammenstød med pigens knæ. - Ja, så lang
var skalaen fra Peter, der ingen håndtryk fik, til dem, der
lå tværs over sengen og lod sig bekramme; det sidste var
der ingen, der fandt mærkeligt eller uanstændigt. Det var
alligevel sjældent, at der kom uægte børn, skønt Gud må
vide, hvordan de gik og kom om ved det; for hvert øjeblik
kunne man høre en eller anden komme og fortælle med en
fnisen: - "Nu er Jens og Marri gawen op på høhjaldet med
hinanden" - der kunne de være i fred en mørk vinternat.
Værst var det jo med det forræderiske hø, der havde sat
sig i håret eller balkjolen! I det erotiske har bønderne altid
været meget tilgivende, når der bare ikke skete noget; thi
stod den til barsel, og vielsesattesten ikke var i orden, da
var de nådesløse. Det hændte næsten aldrig for en gård-
mandsdatter, uden at jeg dermed tør sige, at de nægtede
sig noget. Jeg kendte en proprietær med huset fuldt af
smukke døtre. Den ene havde forset sig på forkarlen, og
det hændte nok mere end èn gang, at faderen tog ham i
alkoven hos datteren, når hun skulle op at malke, skønt
hans plads var i karlekammeret i et af udhusene. - Jeg sad
en sommersøndag i samme hjem og snakkede med husets
søn. På en gang fanges hans opmærksomhed af en hue,
som ligger slængt på langbordet. - "Men hvis er endda
den lue, der ligger." - "Det er min," lød det pludselig hen-
ne fra en af de mørke alkover. Det var pigens seng, og
karlen havde altså fundet det bekvemt her i dagligstuen at
tage sin middagslur ved hendes side. Sønnen, der ellers
var myndig nok, fandt det klogt at tie, så bare med et for-
stående smil op på mig, før vi gik videre i samtalen.
Bondens naturlighed i dette fag er jo hyppigt blevet
fremdrevet af nødvendigheden. Hvor skulle de unge men-
nesker gå hen med hinanden i disse fattige og snævre

hjem, der jo i de rigtig gamle bøndergårde dannede én stue, hvor alle sov, næsten ligeså primitivt som i eskimoens hytte. Jeg har som halvvoksen knøs haft min seng lige klods op ad tjenestepigens eller mine voksne søstres. Når det blev sengetid lagde jeg mit tøj på den ene ende af skamlen. Pigen sit på den anden. Den, der blev sidst færdig, slukkede det fælles lys. Det var der ingen, der kunne finde noget mærkeligt i.

Hvor tit har jeg ikke oplevet dette i mine forældres eller andre bønders hjem, at de fremmede mandfolk blev ved at sidde og vrøvle og spytte og var ikke til at få ud af døren, mens den stakkels tjenestepige, der skulle tidlig op til sit arbejde den næste morgen, gik og kredsede omkring sin seng i den samme stue, hvor mændene sad. Hun gabede, hun blev mere og mere søvnig. Til sidst tog hun en rask beslutning, hægtede sit tøj op, lagde det væsentligste af det på stolen, beholdt kun en klokke om sine ben, inden hun skød sig under dynen. Jeg har aldrig hørt et mandfolk gøre en bemærkning dertil; det ville være blevet anset for tølperagtigt. - Sådan levede de jo i ethvert hjem. At pigen skulle i sin seng, når tid var, det forstod enhver bonde, men forlade et godt selskab for den sags skyld, fandt han ingen grund til.

Bøndernes erotik er som sagt af en egen art. De er vel ikke bedre end andre mennesker i de unge år; jeg tror heller ikke, de er værre. Og når de først er gift, så er parrene uadskillelige som i de katolske lande.

Nu har jeg levet 60 år mellem bønder, men jeg kender ikke blandt gårdfolk - og mellem husfolk kun blandt det laveste proletariat - ét eneste eksempel på skilsmisse. Dermed skal naturligvis ikke være sagt, at ingen gårdmand bedrager sin kone; der er jo ude i de jyske landsbyer løse kvinder både blandt tyendet og nedefter i lagene, der er tilfælde, men det er - forekommer det mig - en betydelig større skam for en gårdmand at have et elskovsforhold uden om, end i de andre stænder. Den såkaldte oktoberlov skal dog have givet moralen blandt vor bondestand et betænkeligt stød, således at tøse fra København trækker rundt til markederne og kaprer unge bønder i beværtningerne og danseboderne. Jeg er dog ikke så kendt med disse forhold, at jeg tør udtrykke mig med nogen afgørende sikkerhed derom. Jeg ved kun, at det skal have været slemt i gullaschtiden, da alt var i opløsning.

Som jeg begyndte med at sige, har kvinder optaget mig grumme lidt i min første ungdom. Jeg mente at have nok foruden dem. Jeg var langtfra kvindehader, men jeg beskæftigede mig ikke med dem. Det erotiske liv var ligesom ikke vakt i mig. Jeg tror, at jeg har bevaret den samme ligevægt i det erotiske, som var den herskende i de kredse, der førte mig frem. Da jeg var kommet til København, var jeg kun 18 år, men mens mine kammerater på seminariet evig og altid talte om kvinder, og flere af dem var fortrolige med livet også som det leves under de mest løsslupne former i smågaderne, kunne de aldrig friste mig til at tage med på deres togter. Jeg kan huske, at jeg er gået igennem Holmensgade og disse hæslige kvarterer, der endnu stod i deres uhygge. Det hele bibragte mig en følelse af ækelhed, og ækelt var det jo til visse i en overordentlig grad; åbne rendestene foran huse, der drev af fugt og stank; i døren halvnøgne kvinder, der bulnede af drik og udskejelser. Det typiske billede for skøgens hus dengang var jo disse nedrullede tremmegardiner, hvor et halvnøgent fruentimmer sad og prak gennem tremmerne med en lampepudser. Når lasten antager så primitive former, synes jeg den må være til at undgå. Somme tider kom en lasket skønhed i slæbere og med posende barm hen og kiggede ved et gadehjørne og råbte letforståelige ting efter et mandfolk. Jeg har set det samme skøgetorv i London og Budapest, hvor tøsene kunne spærre gaden bare ved at strække armene ud til begge sider. Nu er disse huse, så vidt jeg ved, fjernet fra vor hovedstad, og syndens døtre ser ud som andre mennesker, måske endda lidt "finere".

Det er tidligere fortalt, hvorledes jeg begyndte min tilværelse på Blaagaard med et længere ophold i de - med rette - så stærkt kritiserede elevkældere omme i skolens baggård. Da jeg var blevet træt af livet der, flyttede jeg om i den såkaldte Stærekasse, et slags rødstenet havehus i to stokværk. Her havde jeg fået et lille hul øverst oppe, ikke synderlig større end et klædeskab, med et lavt vindue ud til gaden. Det var en ren herskabsbolig, imod den jeg kom fra. Umiddelbart under mig boede en besynderlig original, der ikke tilhørte elevernes korps, da han var op over de halvfjerds. Hans navn har jeg glemt. Han havde af forstanderen fået anvist gratis logi blandt de andre "stære", imod at rense skolens retirader og kloakker. Om formiddagen stod den gamle med sin kloakskovl og hankede op af dybet og kastede det i trillebøren. Efter vel fuldbragt gerning, iførte han sig brune handsker og høj hat, og gik på strøget, fulgt af vore misundelige blikke.

Her på min hybel kunne jeg en nat nær have sat livet til, da et indvendigt spjæld i den meget brøstfældige og indviklede kakkelovn var faldet ned og havde drevet skyer af kulos ud i mit usle værelse. Jeg vågnede henimod morgenstunden. Det vil sige, jeg kunne egentlig ikke blive vågen, og i begyndelsen ikke forstå min farefulde situation, da jeg næsten var fra bevidstheden. Men jeg kom da op og fik mine klæder på og dryssede nu omkring langs Søerne. Læge tænkte naturligvis ingen på, jeg selv da allermindst. Vi brugte aldrig læge derhjemme, uden når folk skulle til at dø; og jeg ville helst leve. - Da jeg sådan havde stumlet omkring, som i en tåge, det meste af dagen, var jeg igen kommet til hægterne; men efter den tid var jeg aldrig helt tryg ved min kakkelovn, og så snart jeg kunne se mig hav til, flyttede jeg ud i byen.

Jeg tror, jeg havde i alt 5 logier i det årstid, der var tilbage, inden jeg fik min eksamen. Jeg boede først hos en murerfamilie, Petersens i Baggesensgade. Jeg havde aldrig i mit liv set mage til pragt som det værelse, jeg her fik for en meget ringe penge. Manden var en fugtig sut, der, når han ikke var på arbejde, sad hjemme med et par kammerater og savlede over øllet. Han havde en meget dygtig og ualmindelig smuk kone. De havde været gift et par år eller tre og kunne have haft det udmærket. Petersen var en dygtig arbejder, men alting kvaltes i øllet. Det var synd for madam Petersen; hun stred og stræbte for at holde sammen på hjemmet og bøde på mandens synder. Hun var en sjællandsk bondepige og havde endnu hele bondelandets rødme i sine kinder. Hun var vel midt i tyverne og havde været en bedre mand værd. Altid stod hun i vaskeballjen, så alt i huset perlede af sveddråber fra sæbeluden. Madam Petersen og jeg snakkede udmærket sammen, da vi begge var landlige mennesker, og når hun var blevet rigtig træt i vaskeballjen, kom hun ind til den "logerendes" og slog en sladder af. Og hvor kunne madam Petersen fortælle, og hvad kendte hun ikke! Hvad der hændte i hele gaden, især alle elskovshistorier. For madam Petersen var meget varmblodig, men hendes mand var et drog, altid var hans hængende overskæg fugtigt af ølskum; altid sad han og vrøvlede om strejke her og strejke der; ting jeg ikke forstod mig på dengang. Det varede ikke længe, så kom Petersen ikke hjem fra arbejdspladserne, men fandt det morsommere i beværtningerne. Konen fik et barn hvert år. Hendes friske teint begyndte at angribes; snart mistænkte hun manden for andre kvinder, vist langtfra uden grund, thi Petersen var et fjols, der slet ikke kunne se, hvor smuk en kone han selv havde. Der var en farlig energi i hende den første tid; men inden længe blev hun ligeglad, først med sine egne stuer, så med "den logerendes". Madam Petersen var blevet sjusket. Hun, der næsten var dronningeskøn i den første tid, gik nu altid og sjaskede med skident forklæde. Hele huset lugtede af ble og sæbeskum. Den logerende blev ked af det. Hvad kunne det hjælpe, at han havde et stort nyt pillespejl, når glasset altid stod fuldt af perler fra madam Petersens sæbelud. Det evige solderi og dermed følgende skænderi igennem den tynde bræddevæg forstyrrede mig i mine lektier; jeg benyttede den første den bedste lejlighed til at sige op, skønt det jo egentlig var synd for madam Petersen. Hun ville virkelig gøre det så godt for mig, men havde nu ikke mere de rette gaver. Jeg fulgte familiens færd fremefter, en stadig synken til større og større armod, under hvilken madam Petersen dog længe beholdt en rest af sit gode, gamle, sjællandske humør. Hun kunne slå en latter op, så det skraldede i alle vaskebaljer; og når hun kom ind til den logerende en tidlig formiddag med tjavset hår fra sit våde værk, med frit indblik til den sunde, fulde barm, kunne hun godt minde en tugtig Josef om Potifars alt for medgørlige hustru - - også de glimtende ørelokker og de brune, gnistrende øjne viste samme vej hen.

Fra Baggesensgade flyttede jeg om i Bangertsgade til en ny madam Petersen, for alle mine værtinder i den periode - jeg tror hele 5 - hed naturligvis Petersen.

Var jeg nys undsluppet "Potifars hustru", slap jeg nu ned i en hel revl af dennes døtre; madam Petersen her i Bangertsgade var enkemadam med 4 giftefærdige tøse, der alle gik på systue og var omkring min egen alder eller lidt over. Her var til tider et farligt leben. For et mindre befæstet sind kunne det have været drøjt nok at klare sig. Der var især Nathalia. Hun var en smuk pige, hvad søstrene for øvrigt også var, og fik ret snart den bizarre idé, at vi skulle være kærester, skønt der ikke havde været det ringeste imellem os. Jeg lod som ingenting; for den slags skal der jo alligevel to om.

Det meste af tiden sad Nathalia jo på systue, men når hun kom hjem, var hun ikke utilbøjelig til at fjante lidt med "seminaristen". Somme tider inviterede hun veninder hjem, for at de skulle tage skøn over mig. Så stod huset helt på den anden ende. Men jeg blev alligevel behandlet som en fremmedartet fugl. At fyren var noget genert, kunne de jo snart se. Nathalia forsøgte at hjælpe ham lidt på gled. En dag jeg kom hjem fra skolen, havde hun sat sit portræt i stort format ind på mit skrivebord. Jeg lod som ingenting; det kunne jo godt stå der, når det endelig skulle være. Jeg måtte huse så meget andet af Nathalias, som var meget intimere end det. Sagen var, at hele lejligheden kun bestod af to rum. Det bedste ud til gaden havde jeg. Så lå de 5 kvinder stablede sammen i værelset til gården, 2 og 2 i sengene og en seng til moderen alene. Så var der ikke plads til mere. Men Nathalia havde et fint klædeskab, og det havde moderen fået lov til at lade stå i min stue. Den var rummelig, så det kunne ikke genere mig noget. Jeg kom fra forhold, hvor man var vant til at hjælpe hinanden, og hvor alt var fællesskab. Men Nathalia havde en tilbøjelighed til at besøge sit klædeskab, når "seminaristen" endnu lå i sengen, og hun kom tilmed i negligé. Det var næsten hver anden morgen, at jeg vågnede ved, at Nathalia stod i undertøj og ragede i sit klædeskab. Nå, også det havde jeg set før under landlige former; der skulle meget til at forundre mig. Jeg lod Nathalia rage. Det kom aldrig til sammenstød i den anledning. Hun gik forbi min seng med sit fundne lintøj og sendte mig det yndigste smil; jeg smilte igen, og det gik så overordentlig godt.

De andre søstre kom aldrig i morgentoilette i min stue. - Men så begyndte Nathalia at snakke forblommet om forlovelse og en lille tur med hjem i ferien - jeg forstod aldrig et suk af den slags tale, og jeg tror nok, Nathalia nu søgte andre græsgange. En dag, jeg kom hjem, havde hun snuppet portrættet, og dermed anså vi "forlovelsen" for hævet.

Men helt ufarlige var disse forhold nu ikke. Jeg havde fået en del kammerater, der ikke altid havde de bedste sædvaner. - I det erotiske kunne jeg altså nok klare skærene, men unge mennesker har en endnu større fare - spiritussen. Jeg havde hidtil personlig ikke vidst, hvad spiritus var, men her på Blaagaard blev der somme tider nydt en del. Ingenlunde meget, men hvad tålte et kyllingehoved som mit! Jeg husker den første gang, jeg var beruset; det var i Baggesensgade. Der var en falleret købmand Ejsing, der var draget fra kone og 12 børn helt ovre fra det yderste Vestjylland til Blaagaards Seminarium for at blive degn. Han var meget hægen efter spiritus. Det var en slags brun punch, der bryggedes af et eller andet tøjeri, jeg nu ikke husker navnet på. Ejsing havde ikke råd til selv at bidrage til punchen med moneter, men han var ualmindelig dygtig til at blande groggen, og når vi var 4-5 mand til at splejse, var det jo ikke svært at blive fuld; især for de yngre i laget. Som sagt, gik det virkelig ved denne lejlighed ud over min ellers velafbalancerede ligevægt. For første og vistnok eneste gang i mit liv blev jeg det, man kalder fuld. Jeg mindes det egentlig ikke som nogen glæde. Jeg skal have været meget støjende, så de ældre kammerater har moret sig meget over mig. Der var blevet råbt så umanerligt gennem de åbne vinduer i nattens timer, så en gadebetjent kom op ad trapperne til 4. sal og tyssede faderligt på os. Men vi fik hans barskhed slæbt inden for døren og slog en hel række glas i ham, skønt han værgede sig hyklerisk og påstod, at det kunne føre til hans afsked, hvis han fik alt for meget af den slags.

Men større fare truede mig næste gang, jeg gav mig i Bacchi sold. Det var netop i Bangertsgade, hvor også købmand Ejsing var mundskænk. En tre- fire andre seminarister deltog i soldet, og på et eller andet tidspunkt var døren blevet åbnet ind til de små Petersen'er; hele horden havde lejret sig i min stue, og det blev et vildt bakkanal. Søstrene tålte ikke ret godt den lumske most, og nu vågnede kærlighedsånderne atter i Nathalia. Ejsing, den gavtyv, ville forene vore hænder, hvad Nathalia var mere end villig til. Jeg havde al min selvovervindelse behov for at værge mig, dels mod de fjollede kammerater, dels mod den stærkt beduggede Nathalia; men også ved denne lejlighed kom jeg forbi hymens snarer uden at træde i dem. Til sidst opgav Nathalia helt spillet, der var øjensynligt intet udkomme med det solbrændte bondefjols af en jyde! Men det bidrog dog til, at jeg tog mig mere i agt for de våde varer, og aldrig senere har de været nogen fare for mig.

På Blaagaard må det dunkelt være gået op for mig, at jeg var digter. Det første vers, jeg overhovedet ved, jeg har formet, blev til ved H. V. Kaalunds død den 27. april 1885. Det bestod af fire linjer af følgende ikke særligt overraskende udseende:

> Skjalden fødes, skjalden dør,
> men hans sang den altid gløde!
> synges af de danske møer,
> indtil sildig aftenrøde.

Jeg må have været velfornøjet med verset, for jeg husker, jeg slog en konvolut om det for ekspres at sende det hjem til mine uskyldige, intetanende forældre. Og det varede ikke længe, før andre digte fulgte dette i sporet. Enkelte er blevet bevarede, men langt de bedste skal ved et ulykkestilfælde være gået tabt. Hvis jeg er rigtig underrettet, har "udslettelsens dom" ramt dem på denne måde:

Indtil slutningen af 1886 indførte jeg omhyggeligt alle mine versifikatoriske frembringelser i et blåt, uindbundet kollegiehæfte, der omsider var skrevet helt fuldt. Det var en ret broget sammenstuvning af vers, mest lejlighedsting til slægt og venner. Det bedste i samlingen var to større hyldestdigte: Til H. N. Rosenkjær, som jeg var kommet til at holde meget af, og til bonden Per Odgaard, Tastumgaard. Begge disse vers stammede fra 1886, især var versene til Per Odgaard fulde af stærk og ungdommelig trang til hyldest, ja næsten tilbedelse. Dette hæfte var i min besiddelse indtil begyndelsen af århundredet; men Per Odgaard havde svært ved at lade mig beholde det. Han læste hyppigt digtet, som var skrevet til hans ære, op for venner og besøgende. Til sidst fik han bogen listet fra mig. Jeg måtte endelig lade ham låne den "grønne" bog! - Per Odgaard var farveblind - han skulle nok svare mig til den!

Men nu havde han en niece, der senere blev gift med en doktor i filosofi. Hun kunne også godt lide at kigge i den "grønne" bog; og en feriedag, da hun forlod sin onkels hjem, havde hun uden forlov taget hæftet med i sin rejsetaske. Per Odgaard var grænseløs ulykkelig; ikke på mine vegne, men fordi han nu ikke mere kunne læse digtet højt for sine gæster. Han kunne ikke mistænke nogen bestemt for bortførelsen, og så længe han levede kom ingen af os til klarhed i sagen. Men senere har jeg fået meddelt fra pålidelig kilde, at efter at den unge dame havde fået læst hæftet ud, var hun ligeglad med det og tænkte ikke på at sende det tilbage til onklen, som hun havde neglet det fra; lod det ligge på en hylde i sit barndomshjem, en bondegård på Holstebroegnen, mens hun selv drog på seminarium, hvor hun læste for onklens penge. Ikke længe efter brændte fødehjemmet, og det "grønne" hæfte med det. Sådan forsvandt min ungdomslyrik fra jordens overflade. Naturligvis uden større tab for poesien. For mig selv kunne den dog måske have tjent "til vinding for perspektivet". Jeg kan ikke nægte, at jeg gerne ville have haft den som en slags underlag for mine erindringer, nu da min tanke dvæler ved de steder og år, da disse ufuldkomne rimerier blev til.

Et par af disse småsager, begge fra vinteren 1885, er dog reddet som en brand af ilden. Det ene: "I en nattetime" står offentliggjort i mine samlede digte (1918) som den første umodne frugt af min lyriske høst. Det andet, som stadig er utrykt, og som bærer titlen: "Til Blaagaardisterne", er en lyrisk henvendelse til mine kammerater i urimede verselinjer, ikke så lidt svulstigt og krampagtigt, så det sikkert har holdt hårdt for kammeraterne at bevare alvoren den lørdag aften, jeg med bævende patos, med sort krave og rivende vestjyske "r'er" har fremsagt det fra seminariets talerstol. Men lad det nu være som det vil, så er det den første begyndelse til hele min digtning, det første rullende og skrattende varselskud, for hvad der siden er fulgt efter. Som sådant anføres det her i sin helhed:

> Blaagaards ungdom! Tør jeg håbe
> på at finde villigt øre
> for et digt, som, omend fattigt,
> dog er rigt på håb til Jer.
> - Da jeg stod blandt bønderknøse,
> gjaldt for nr. 1 i flokken,
> lo og sang til Nordens frihed,
> så det tændte brand i tanken,
> så det bragte smil på kinden,
> så det flammed i mit blik; -
> da gik ordet tit om borde,
> om, hvor frihed lyste stærkest,
> hvor vel Nordens ånd var kraftigst
> i vort gamle fædreland.
> Og min tanke uvilkårlig
> fløj til disse Blaagaards mure,
> vifted rundt om skolens tage,

titted ind af disse ruder.
Og min sjæl i drømme vugged,
milde, kransomslyngte drømme,
jubled ved engang i tiden
selv at vorde Blaagaards gæst;
thi jeg troede fuldt og sikkert,
at bag disse røde mure
gemtes friheds gyldne æble.
Ja, fra denne "frihedsrede",
tænkte jeg, må uvilkårlig
friheds gyldne strømme flyde.
Tiden gik og kom ej mere,
raskt sig nærmed flyttedagen,
da jeg brat for her at dvæle
måtte rejse bort fra hjemmet.
Venner bød til afsked hånden,
mangen og med gråd i øjet,
men jeg svang frimodig huen,
hasted bort til disse sale,
vis på, jeg fandt her oprejsning.
Og jeg kom en middagstime
ubemærket ind ad porten.
Efterårets barske vinde
suste hult igennem gitret,
hvirvled lindens faldne blade
rundt i små og store hobe.
Solen brød igennem skyen
lyste grelt bag mørke flager,
og i store vilde sværme,
stærkt forfulgt af vestenstormen,
jog i brudte tågemasser
skyer over himlens bue.
Men foran mig hæved Blaagaard
sine tavse røde fløje,
mørk den stod og majestætisk,

svimmelhøj den syntes mig.
Og jeg stod der tung om hjertet,
uvis om hvad der mig mødte,
når jeg nu i næste time
skulle nævnes Blaagaardist.
- -Mange dage er forløbne
fra hin dag i efteråret,
da jeg første gang betrådte
disse Blaagaards snævre stuer.
Jeg er nu et led i kæden,
selv et medlem her i klubben,
men trods det, jeg savner meget
af, hvad jeg derude drømte!
Brodne kar i alle lande
traf man vist på alle veje,
hvorfor ikke her da træffe
også livets minimum.(!)
(note: Med dette famlende udtryk har jeg nok tænkt på de
undervægtige, uinteresserede blandt kammeraterne).
Men mit håb til Blaagaards ungdom,
ja, til Eder, Blaagaardister,
det er sejersstolt bevinget,
tusindfoldig kransekronet.
Gør da ej mit håb til skamme,
kække unge Blaagaardister,
rundet af den samme stamme,
hvoraf min livsknop udskød.
Lad os samle os i fylke
under Nordens frihedsbanner,
og med mandig tankealvor
uden vaklen, uden slingren
gå den vej, som det betegner,
fædres gyldne æresvej.
Lad os alt hvad småt og ringe,
hvad der bærer trællens mærke,

hvad der slapper sind og vilje,
jage ifra disse steder,
mane til en sump for evig.
Da skal atter Nordens fylgje
brede ud fra disse steder,
rulle op med brede folder
kæmpeåndens sejersflag.

I den udformning af digtet, der er gået tabt med "den grønne bog", husker jeg, at der endnu var et farverigt afsnit om Blaagaards brand under bombardementet (1807).

Lars Christian Poulsen (dvs.: Staun) og jeg blev stadig ved at holde sammen som gode kammerater. Han besøgte mig i sommerferien i mit hjem i Aakjær, og jeg ham i hans ved en blå Limfjordskyst i nærheden af Nibe. Vi var begge lidenskabelige fodgængere.

Gennem realismens bøger havde det danske lands skønhed fået værdi for os begge. Vi lærte på vore vandringer at se især på den jyske natur med en kunstners glæde. Vi kunne gennemrejse det meste af Jylland bare med et par femogtyveører i lommen. Ret meget mere havde sjældent nogen af os, når vi startede. Der var friskt og lifligt vand i bækkene, og ens mor gav os en solid melmad med i den lille lædertaske, som vi havde i en rem over skulderen, og jeg vidste nok venner, der med glæde gav natteleje til et par solstegte vandringsmænd, der kunne fortælle friskt nyt fra hovedstaden, kunne læse op, om det skulle være, af både Ibsen og Bjørnson, og som, det gjaldt især mig, havde en lys og kraftig sangstemme, der kunne synge natten lang uden at trættes.

Sådan husker jeg en meget romantisk vandring, der begyndte ved det lyse gry og strakte sig lige til midnat, 10-12 mil, helt oppe fra Staun og ned til Skals. Den længste fodvandring jeg har gjort på en enkelt dag. De to sidste mil mere krøb end gik vi. Men vi havde ikke penge til

natteleje i en kro og måtte igennem. Vi var inde i en
gammel forfalden kasse af en kro i Års; da var det allere-
de mørkt, og vi var ikke nået synderlig længere end halv-
vejen. Omkring Års, der dengang var en ringe landsby, lå
der store, udstrakte lyngheder. Ude på en af disse kom vi i
nattens mulm forbi en virkelig taterhytte, fuld af kæltrin-
ger. Man kunne have drømt sig tilbage til Blichers dage.
Hytten var bygget op af lyngtørv, vinduer var der ingen
af, da hyslingen kun brugtes til nattekvarter, men tællely-
set kastede gennem sprækkerne brede vifter ud over den
duggede lyng. Nysgerrige nærmede vi os hytten. Vi hørte
støj og latter, barnegråd og familiesludder. Ingen af os
havde dog mod til at linne døren. Jeg har siden forbandet
min fejhed. Men den mørke lynghytte med de glade kæl-
tringers kåde pludren og de store lyssprækker gennem
lyngtørvene står endnu tydelig for min erindring.

Også på skolen blev Staun og jeg ved at hænge sammen
i stort og småt. Til trods for at vi begge knebent havde til
det tørre brød, da min fars pengeforsendelser blev mindre
og mindre, og Poulsen overhovedet aldrig modtog penge,
men levede af hvad enkelte velhavere og bekendte af den
herregårdsfamilie, som han havde tjent hos, i ny og næ
stak til ham, - så så vi dog begge vort snit til at anlægge
en begyndende bogsamling. Det er mig ubegribeligt at
forstå hvorledes. Poulsens var endda ikke så lidt større
end min. Han havde således alle bindene af Heine. Det fik
en ikke ringe betydning for os begge. Heine blev både
Stauns og min yndlingsdigter i disse år. Staun kendte sin
Heine ud og ind og kunne på stående fod citere lange vers
af ham. Jeg fulgte beskedent efter.

Gud ved om ungdommen i vore dage læser Heine. Ellers
er det synd for ungdommen. Hans hvasse vid og ramsal-
tede spot ville gøre sig godt i vor tids lumre, ufriskt-
"mystiske" atmosfære. Heine har haft en ganske overor-
dentlig betydning for mig. Det er dog nu mange år siden,

jeg ophørte med at læse ham. Jeg har engang imellem gjort forsøget, men finder ham nu ærlig talt lidt fersk. Men det forhindrer ikke, at han på et vist tidspunkt af mit liv satte uudslettelige spor. Men selv om man ikke henter en tordenbyge tilbage, kan dens betydning for markens grøde have været lige stor. For mig har hans værker haft noget af tordenbygens betydning.

Jeg havde jo været under mange slags påvirkninger op igennem de unge år. Virkningerne af bedstefaderens voldsomme religiøse tyranni forlod sent mit sind. Nu kom Heines spot som den herligste reaktion, der sprængte alle bomme og sønderrev alle katekismens blade. Heines værk om "Den romantiske skole", der driver det vildeste halløj med præsterne og alt hvad præsternes er, er en af de krasseste bøger, jeg har læst. Alle hans spots pile synes mig her pletskud; dens moralske virkninger må den dag i dag kunne spores i mit sind. Min religiøse frigjorthed stammer væsentlig fra denne bog. - Heine selv, den ulykkelige krøbling, sad i sin pude-grav nede i Paris og tilbagekaldte omtrent det hele. Men jeg har aldrig fundet anledning til at revidere de synspunkter, han ved denne bog indpodede i mig. Mit senere liv har langvejs bekræftet, at han havde ret, og det vil blive min stilling til kristendommen indtil min død.

Skønt jeg har en bog fra 1897 stående på min hylde, skrevet af Georg Brandes om Heinrich Heine og sendt mig med Brandes' dedikation, efter at han havde læst "Missionen og dens Høvding", - en umådelig glæde for mig dengang - så er det dog ikke Brandes, der har ført mig hen til Heine. Det skete så tidligt som 1885, da jeg på Blaagaard Seminarium traf Poulsen-Staun. Det var denne mærkværdige bondegut med det røde hår og de store fregner, der sad og læste Heines mest diabolske vers ved en køkkenlampe i en af Blaagaards elevkældre, hvor fugten dryppede ned på bogens blade fra de slimede vægge og det skjoldede loft. Heine hører til de tyske forfattere, der kan læses uden grammatik, og grammatik var mig jo en pest. Staun var en dreven hund i det som i alt andet. Gud, hvor nød vi disse vers midt i denne seminaristrede, hvor det selvfølgelig ville have bragt ulykke over vore hoveder, om forstanderen havde anet, hvilke sprængstoffer vi syslede med.

Stauns åndsform er den dag i dag stærk Heine'sk. I modsætning til mig fik han sig aldrig frigjort, men blev bestandig hængende i garnets masker. Jeg uddrog af Heine, hvad jeg havde brug for; men omkring 1900 slog jeg mig løs og gik over broen til Jylland. Men vil man forstå min første digtning, må Heine ikke glemmes. Store partier af "Derude fra Kjærene" er i den øjensynligste gæld til Heine. Det gælder de erotiske vers: "Evadøtre", det gælder de oprørske digte som "Bedst i Danmark", "Troesskifte" eller spottevers som "Nat", kort sagt mere end to tredjedele af denne min første digtsamling. Men en sidste del har Heine ingen del i; man behøver blot at tænke på et digt som: "Kom mi bette kipkal". Men også en prosabog som "Missionen og dens Høvding" er i stilføringen hyppigt hel Heine'sk.

Tager man mine utrykte vers, af hvilke der henligger i snesetal i mine gemmer, vil Heine-påvirkningen være umiskendelig, især i den række digte, jeg skrev til de unge damer i "Det jyske pensionat". Jeg skrev dengang med en forbavsende lethed, da jeg endnu ikke tænkte på nogen som helst offentliggørelse, og jeg faldt så let ind i det Heine'ske versemål, jeg var så gennemdrukket af Heine, at jeg i løbet af nogle få minutter kunne skabe et præsentabelt fødselsdagsvers med en sirlig Heine'sk pointe. Det tog ikke stærkt på mine kræfter, og de unge kvinder var henrykte. Men også i mine breve fra den tid vil Heine nu og da stikke sit flirende Pjerrot-hoved op mellem linjerne.

Heine spiller i det almindelige danske åndsliv vel ikke den rolle som f. eks. Byron eller Goethe. Men alligevel vil han kræve et stort kapitel, især i 70'ernes litteraturhistorie. Den eneste digter før 70'erne, der var påvirket af ham i nogen særlig grad, var vel Emil Aarestrup, men han var det til gengæld også til gavns. Af den grund er han aldrig blevet læst uden for de højlitteræres kreds. Det er heller ikke Heine som digter så meget som Heine som oprører og revolutionær, der har sat sine mærker i Brandes' og det efterfølgende slægtleds sind. Georg Brandes selv er umådelig påvirket af Heine; det er vel raceblodet i ham, der gør slægtskabet så intimt. Heine og Voltaire, det er ånder som Georg Brandes har forstået til bunds. Og gennem hans forelæsninger i 90'erne fik Heine en hel renæssance i de akademiske kredse i Danmark. Men hans negativitet gjorde, at han aldrig kom uden for disse kredse. Han passede egentlig usigelig godt til kampen mod Estrupiatet. Jeg ved ikke, om Hørup havde noget kendskab til Heine, men deres åndsform har adskilligt tilfælles. Om Hørups literære påvirkning vides der overhovedet såre lidt. Men han må vel ligesom andre mennesker i sin ungdom have læst en eller anden bog. Så vidt jeg ved, var han en doven læser, men sært skulle det være, om ikke han havde truffet denne spotter af en jøde. Hele Hørups facon som skribent er da ret Heine'sk. Og studentersamfundet, - hvor var det ikke gennemsyret af Heines ånd. Naturligvis var det på anden hånd - gennem Brandes. Et blad som "Politiken" er jo i en overordentlig gæld til Heine, og en forfatterpersonlighed som Henrik Pontoppidan, - hvor Heine'sk falder ikke hans spot! Måske mest i hans første periode. Jeg husker også, at han engang sagde til mig de ord: "Kender De en større digter end Heine?" Jeg undlod at svare, for jeg mente, at jeg da kendte adskillige større digtere, men var spørgsmålet blevet rettet til mig i 90'erne, var det meget muligt, at jeg uden forbehold havde svaret H. Pontoppidan det varme "nej", som han var ude efter.

Heines spot rækker langt ud. Jeg har kendt jyske bønder, der i deres åndsform mindede stærkt om Heine. En mand som Je Kaa Lauridsen, der jo var rundet af den ægteste bonderod, var såre Heine'sk i hele sin dialektiske facon; det er dog kun den side af Heine, der tager sigte på kirken og præsteskabet, der er fælles for Heine og disse jyske bønder, som glæder sig, hver gang præsten får en dukkert. Det tyranni, som præsterne har holdt dem i gennem århundreder, har lagret sig i deres sjæle som spot. Et jysk ordsprog som: "Gud kan gøre hvad han vil, men lade det regne fra nordvest, det kan han, min salighed, ett," er jo egentlig fuldstændig Heine'sk. Og af alle slige jyske ingredienser var en Je Kaa's ånd sammensat.

Brandes kom aldrig ud over Heine til nogen positivitet, hvad der er dybt at beklage; men det var nu engang hans ånds begrænsning. Det skal villig indrømmes, at Brandes og hans skole har fået grumme lidt til at gro. Kornet gror ikke godt efter en haglbyge, men lummerheden i et samfund kan blive så kvælende, at haglbygen bliver attråværdig forfriskende. Jeg synes, det i vor tid samler sammen til en sådan stillestående og kvælende lummervarme. Hvor ville det ikke være forfriskende igen at få en omgang Heine, hvor de kolde hagl sprang lystigt på kirketaget, mens regnbuen rejste sin kølige, syvfarvede portal højt, højt over "pladserne med de grønne træer"!

Nej, Heines ånd er ikke død endnu, men han har vist meget få læsere i nutidens Danmark; og man skal heller ikke blive hos ham alt for længe, for det er de positive ånder: en Rousseau eller en Bjørnson, en Grundtvig (trods alle forvildelser), som nærer nationerne med livets honningbrød. Bliver man hos Heine, løber ens liv ud i goldhed; derpå er Georg Brandes selv noget af et advarende eksempel. Hvor meget jeg end elsker denne herlige ånd,

kan jeg ikke skjule for mig selv, at han mishandlede sine
åndsevner og kom som gammel i det skæveste forhold til
sit folk. Han gjorde sig en glæde af at hade alle menne-
sker. Men det var synd for denne ånd, som inderst inde
brændte efter at beundre. Brandes kendte sit folk væsent-
ligt gennem aviser, og de oprørte ham med rette, lagde
hver morgen friske ondskabsfuldheder hen til hans kuvert.
Brandes ville have fået et helt andet syn på den danske
nation, om han engang imellem kunne have slået sin bog i
og gået ned til dette folk, kigget ind til arbejderen, hånd-
værkeren, bonden; men dem havde han ingen evne til at
tale med. Som han har sagt engang, han troede kun på én
ting: Den menneskelige dumhed; men det er jo et utroligt
skævt og alt for litterært synspunkt. Naturligvis er bonden
en dumrian, når han bare skal måles med en litterær alen.
Men jeg har kendt bønder, som vidste hundrede gange
mere end Georg Brandes, men på andre felter. Dumrianer,
javel, - når det gælder den litteratur, der er katalogiseret
på Det Kgl. Bibliotek; men alvidende, når talen er om den
vældige naturens bog, hvori vinden og tordenbygen ven-
der bladene.

Fra firsernes midte indtil dette møde med den gamle
jødiske spotter H. Heine var min åndsform og hele fam-
lende udtryksmåde endnu højrøstet patetisk. Mine breve,
især dem jeg fra 1886 og dette årti ud begynder at skrive
til Marie Bregendahl, skæmmes meget af lyrisk svulst og
en uhæmmet og ukæmmet svada, der endnu bærer talrige
erindringer om mit bekendtskab med Grundtvig og hans
tilhængere, når de ved efterårsmøderne besøgte de jyske
forsamlingshuse.

-På Blaagaard gik arbejdet sin jævne gang, uden at jeg
dog lagde alle mine kræfter i. Jeg forsømte sjældent eller
aldrig timerne, men på min hybel i "Stærekassen", hvor
jeg sammen med 5 - 6 andre en tid lang havde min rede,
benyttedes arbejdstiden mere til litteraturlæsning og dis-

kussioner end til sømmelig forberedelse og lektielæren. Men jeg måtte trods alt vistnok kaldes en flittig ung mand, der ikke brugte nogen stund til egentlig unytte, men søgte næring for min kundskabstørstige sjæl overalt, hvor næring findes kunne, og gjorde daglig min horisont videre og min ånd mere dristig og selvstændig. Jeg har aldrig haft nogen smag for caféen og dens tillokkelser. De timer, jeg gennem et langt liv har tilbragt der, er let talte. Det hændte, at jeg fik en rus sammen med kammeraterne i disse farlige år, hvor man var overladt til sig selv, og hvor et par overflødige glas billig punch var nok til at forvirre de sunde sanser, men mere end et par gange skete det ikke, og da fulgte der altid megen anger efter, fordi jeg måtte bekende overfor mig selv, at rusen egentlig var alt for tidsspildende og kostbar en sag i forhold til den ringe, ja, elendige nydelse, den skænkede mig.

En kort tid i firserne, mens jeg opholdt mig hos P. Odgaard, stod jeg i afholdsforeningen i Fly, hvorved jeg ikke bragte noget som helst offer, da spiritus som sagt var mig så ligegyldig. I den henseende havde jeg heldigvis arvet min ædruelige fars sobre natur og ikke bedstefars ubeherskede trang til fylderi. Ingen dag eller time gik egentlig til spilde for mig. Om hverdagene sad jeg trofast over bøgerne, om søndagen var jeg en flittig gæst på hovedstadens talrige museer. Ja, museerne studerede jeg helt metodisk; med katalog i hånd gik jeg fra stue til stue gennem dem alle, og det blev jeg ved med gennem årene, indtil jeg var fortrolig med hver en genstand, som jeg overhovedet brød mig om at betragte; thi naturligvis sprang jeg meget over, som ikke kunne fænge i mig; thi jeg havde jo aldrig nogen vejledning af nogen art udover kataloget. Men i alt studium både her og ellers i mit liv har jeg fulgt en art instinkt, ikke at overbebyrde min hukommelse med, hvad jeg ikke mente, jeg havde nogen brug for, og hvad der ikke straks kunne fange min interesse. Jeg var den fødte autodidakt,

for hvem nok en hel del går tabt og bliver vraget, men til
gengæld griber varmt og stærkt om alt det, der nærer ens
oprindelige anlæg og ledende evne. Jeg skal villig ind-
rømme, at jeg gennem en mere skolet uddannelse i de
unge år ville have tilegnet mig, omend modstræbende,
flere discipliner, som nu er mig fremmede. Gennem en
metodisk sproggennemgang ved en myndig hånd ville jeg
selvfølgelig aldrig have fået lov til at forsømme sprogenes
grammatik, som sket er. Jeg kan den dag i dag ikke en
eneste, end ikke rigtig den danske. For mig ville dette at
kunne analysere en litteraturside hos Grundtvig eller Sø-
ren Kierkegaard grammatikalsk korrekt med anvendelse
af alle de skoleautoriserede termini, med sætningerne
rubricerede i de rette afdelinger og underafdelinger fra a)
indtil x), være den goldeste og mest pedantiske visdom af
alle. Jeg er blevet dansk lyriker uden at have den svageste
kundskab om Ernst von der Reckes: "Dansk Verselære",
en bog, som det er mig umuligt at aftvinge den ringeste
interesse. Jeg danser på mine versefødder med den samme
tryghed og jublende glæde som den, hvormed en ung
kvinde går i dansen med nye balsko. Og man vil jo påstå,
at ingen går sikrere end den, der går i søvne, selv om det
er på en husmønning.

Der var især tre museer i hovedstaden, hvor jeg aldrig
kunne blive træt af at gå. Det var "Oldnordisk" og "Zoo-
logisk Museum" samt "Botanisk Have". Deraf tror jeg
nok, at "Zoologisk Museum", når alt kom til alt, drog mig
stærkest. Det var mig en usigelig glæde på dette museum
atter at finde min barndoms venner, fuglene fra kær og
enge og pløjemarker. Mange havde jeg overhovedet kun
set en enkelt gang; bare nu og da hørt deres fløjt gennem
efterårets stormskyer. Nu stod de her på deres røde
svømmefødder. Man kunne gå rundt om dem og rigtig
indprente sig deres fjers farver og tegning, deres næbs
bøjning og form. Mange andre fugle, som ikke kendtes på

min barndomsegn, og som jeg kun havde set nævnt i romanerne og digtningen, så jeg her på museet for første gang. Hvilken nyfigen glæde strømmede ikke igennem mit sind ved her at se rørdrummen, natravnen eller den i al dansk digtning lovsungne nattergal, som vi ikke havde derhjemme, men som jeg en sommernat, mens jeg var på Blaagaard, første gang havde hørt synge i Dyrehaven! En større oplevelse, end om jeg havde hørt paven messe foran hovedalteret i Peterskirken.

I Botanisk Have fandt jeg alle hjemlandets blomster og vækstarter. Jeg kendte dem jo nok for anseelse, som bonden siger, men her røbede de mig også deres navn, der stod på porcelænspladen. Jeg blev herefter en meget ivrig botaniker, der kunne gå 10 mil, om det skulle være, for at se en sjælden blomst. Således gjorde jeg engang flere dagsrejser for at opleve et eneste eksemplar af flueblomsten, en gøgeurt, der kun vokser et eneste sted her i landet, i Slaglille Skov ved Sorø. Jeg havde i de dage altid min botaniserkasse med mig, hvor jeg drog hen. Ved udfærden pakket fuld med smørrebrød, ved hjemturen fyldt af duftende grønne planter. Det er beklagelsesværdigt, at denne friske og intelligente sport i nutiden er blevet afløst af frimærkeidiotisme, boldkampe og spejdergalskab. Den vandren i trop ad støvede landeveje med næsen lige ud og den buldrende tromme igennem de fredelige skove er kun en barbarisk nydelse imod dette, at et par lysvågne kammerater for egen regning springer over hegnet og fordyber sig med spirende ungdommelig forskerglæde i naturens løndomsfuldt duftende brudekammer, hvor blomsterne findes og udforskes af skælvende hænder.

Også på Oldnordisk Museum havde jeg megen glæde af at gå, om end luften her smagte af kirkegård og gravkammer og ikke førte fantasien ud til engenes og mosernes friskhed og sommerglæder. Flere af disse genstande her havde jeg selv fundet mage til i gravhøjen eller efter

harvetanden på brakmarken. Det var en uforglemmelig
stund, da jeg første gang stod over for de berømte guld-
horn eller solvognen eller den mægtige sølvkedel fra
Gundestrup Mose!

I vore malerisale på galleriet fandt jeg mindre at beun-
dre. Der gik lang tid, før jeg havde nogen rigtig glæde af
malerkunstens mesterværker. Jeg var 17-18 år, før jeg
overhovedet så et kunstværk i oliefarve. Hvor skulle vel
en jysk bondedreng gå hen og se et maleri, langt mindre
få forstand på det? Den dag i dag er min glæde over male-
riske kunstværker kun minimal. Jeg er fra min første
barndom opdraget ved naturen og dens tusinde afskygnin-
ger i form og farve. Jeg synes stadigvæk, at enhver efter-
ligning, enhver kappelyst med den i retning af tegning
eller farver falder håbløst igennem. Jeg ved godt, at jeg i
så henseende er et stykke af en barbar og holder mest af
det billede, der giver den rette topografi, eller en stump
novelle, det jeg ynder og kender bedst fra min barndom,
motiver fra bondens hjem ude og inde, det magre Vestjyl-
land, den brune lynghede og søerne i dens favn. Men ma-
lerier, som har skoven eller deciderede ø-partier som em-
ne, lader mig som oftest uberørt, uanset deres nok så store
kunstværdi. Men så er jeg jo en barbar! - Ligeså med mu-
sikken; en opera af Wagner ville bringe mig fortvivlelsen
nær; den lille melodi, dog helst når den er ledsaget af en
god sangtekst, har altid haft bud til mit hjerte. Hornet,
fløjten, violinen er de instrumenter, jeg fortrinsvis ynder.
En klarinet kunne få mig til at slå kolbøtter af kådhed. Et
klaver kan fordærve mig selv de skønneste timer. Men så
er jeg jo også der en barbar, eller med andre ord sagt, en
bondefødt mand med en mangelfuld opdragelse i ung-
dommens grødesvangre år.

Trods alle disse små svinkeærinder til museerne eller
andre hel- eller halvvidenskabelige lokaliteter var min
hovedinteresse dog stadig skønlitteratur, som jeg dyrkede

både gennem dens værker og repræsentanter, når lejlighed
bødes. Jeg havde ikke været i København mere end en
måned, da hovedstaden og dens befolkning fejrede en af
sine største litteraturfester med taler og sange og teaterfo-
restillinger, tilmed et stort fakkeltog igennem byen og den
mørke nat. Det var 200-års festen for Ludvig Holbergs
fødsel, onsdag den 3. december 1884. Jeg var naturligvis
med til hele den del af festen, der kunne fås gratis. Jeg
havde aldrig tidligere set så vældig en folketrængsel som
den, der med de buldrende begfakler i spidsen rullede ned
over Nytorv frem mod Det Kongelige Teater. Jeg havde,
lille som jeg var, boret mig igennem hoben og stod lige
ved Holberg-statuens sokkel, da digteren Christian Ri-
chardt klavrede op på fodstykket og klyngede sig til den
gamle parykmands bronzearm, hvor han stod som en lille
dværg i fakkelskæret og med velvalgte, men kun svagt
lydende ord motiverede et drønende "leve" for den danske
litteraturs fader, der sad der med Jeronimus-staven i sin
hånd, ligegyldig lænet tilbage i sin bronzestol og så med
et spottende smil hen over det folkefyldte torv. Jeg syntes,
det var det skønneste, jeg i mine dage havde været med
til.

Søndagen efter, den 7. december, sad jeg sitrende af
spænding som gratis tilhører i den tæt fyldte foredragssal i
Arbejdernes Læseselskab, der dengang havde sine lokaler
i Rømersgade 22, der var en hellig hal for den gryende,
altid kæmpende arbejderbevægelse. Den, der havde lovet
at tale hin søndag, var ingen ringere end Georg Brandes,
og det emne, han skulle tale over, var just Ludvig Hol-
berg. De allerfleste i forsamlingen var sikkert i samme
situation som jeg, at de i dag for allerførste gang skulle
høre denne vor så berømte landsmand, der jo i mange år
havde opholdt sig uden for landets grænser, bosat i Berlin,
og som, når han var hjemme, sjældent eller aldrig talte

uden på universitetet, der hyppigst var lukket på de tider, da en arbejder kunne gøre sig fri.

Der var ikke én ubesat plads i hele den store sal, oppe som nede, og spændingen var umådelig, da en dør i baggrunden gik op, og en slank, elegant skikkelse med det hvideste skjortebryst og sirligt bundet slips, med lette, elastiske skridt gled ind over det høje scenegulv. Et bragende bifald modtog den kække stridsmand, hvis navn var et kamptegn i alle aviser og lejre. Brandes stod dengang på sin evnes og kunnens tinder. Hans fremstillingsgave røbede en blændende kunst. Hvert eneste ord og sætning var gennemtænkt og sammenføjet til det mest bevidste kunstværk, uden at nogen af hans tilhørere mærkede den ringeste anstrengelse. Aldrig en snublen i sætningen, aldrig et fejlgreb på sprogets dirrende buestreng. Sådan trak han Ludvig Holbergs billede op med faste, mejslede strøg, så arbejderne og vi alle følte, hvilken mægtig ånd Holberg havde været, en banebrydende personlighed, et gyldent geni til 18 karat, hvori enhver dansker, ikke mindst her i frisindede Arbejderes Læsesal, havde retmæssig lod og del.

Mit ungdommelige bryst fyldtes under denne veltalenhed af en sær lykkesvanger fryd og grøde, der blev ved at holde sig op gennem årene, hver gang jeg sad under denne enestående mands fortryllelse i foredragssalen eller i min ensomme hybel med et af hans værker over knæet. Og når jeg så mig omkring på disse stærke, furede, livsprøvede ansigter, der omgav mig, følte jeg, at de tænkte omtrent som jeg, at det var en af de lykkeligste stunder i deres liv. Sådan havde han kontakten med sit publikum. Han talte ikke fra nogen talerstol, men fra en høj estrade hvor han utvungent kunne hengive sig til sin kunst. Snart gik han lige hen til rampen og slyngede en stærk sætning ud over salen, snart trak han sig nogle skidt tilbage for at give sine ord mere fylde. Han legede med spottens pile, han fægte-

de med højre hånd som med en floret, han drejede overkroppen svagt fra side til side, mens han bestandig lod den
ene maleriske sætning følge den anden. Af hans talegebærder, der hver og én var beherskede og under den klareste tugt som hans sætninger, husker jeg endnu én den dag
i dag. Han ville illustrere et eller andet, der gik i en rundkreds. Så løftede han sine arme ud fra sig, bøjede dem
mod hinanden og lod dem med stor hast dreje rundt foran
sit bryst. Vi forstod med et det hele, mens hele salen lo
højt.

Jeg har hørt Georg Brandes mange gange siden. Jeg
hørte ham netop et par år efter, da han var kommet hjem
fra Polen, talte om dette lands nationaldigter Adam Mickiewicz. Jeg har altid været stærkt betaget af den skønne
forbindelse, der var mellem hans emne og hans fremstillingskunst, men aldrig har jeg syntes, at hans geni og enestående fremstilling i den grad har været på højde med sig
selv som hin vinterdag, da emnet var Ludvig Holberg, og
hans tilhørere lutter jævne og opvakte hovedstadsarbejdere.

Hvornår jeg første gang havde den lykke at se en rigtig
teaterforestilling, det kan jeg nu ikke mere mindes. Jeg er
dog sikker på, at det aldrig er hændet, mens jeg var derhjemme. Det kunne dengang ikke falde nogen bonde eller
hans børn ind at ødsle penge på noget sligt. Fra Fjends
Herred kommer der den dag i dag yderst få til forestillingerne i købstæderne. Men i min Blaagaard-tid kom jeg
dog ikke så sjældent i Det Kgl. Teater, naturligvis altid på
den billigste plads, der kunne findes. På bageste række i
galleriet kunne man langt ude til siderne erhverve sig
billet til 50 øre, men så skulle man hyppigt kigge omkring
hjørner, især hvis der stod en loftspille. Men jeg var henrykt, jeg var i teatret, jeg kunne høre hvert ord helt derop
under loftet. Men ansigterne, minespillet, nej, det kunne
jeg ikke se for de penge. Men jeg kunne dog altid kende

en kvinde fra en mandsperson selv i den afstand, og når den store krystallampe i loftet var slukket, og det gamle, lidt vanskelige "opsyn", havde stænget dørene og trukket sig tilbage, kunne man godt til visse tider ombytte sin egen plads med en lidt bedre, da disse pladser ikke nær altid var besatte. Men man kunne også, når man kom hjem, være som helt brækket over ryggen, fordi man hele forestillingen igennem havde stået hældet ud over den bageste bænkerand for bedre at følge med i det, der blev sagt eller ageret. Deroppe fra denne udkigsplads, halvvejs ved himlen, hvor man skoldedes af teatrets hede og uddunstninger, så jeg det meste af firsernes store og gode kunst. Der har jeg set Det Kgl. Teaters elitestab, Schram, fru Eckardt, fru Phister, brødrene Emil og Olaf Poulsen, Elith Reumert osv. udfolde deres glimrende evner i Holberg og Hostrup, Hertz og Heiberg og hele den øvrige borgerlige komedie. Der var ikke noget så stort og sjældent, at jeg ikke vovede at lade en halvtredsøre springe for at se det. - Det første, jeg så her på Det Kongelige, og formodentlig den første forestilling jeg overhovedet har overværet, var Molbechs Ambrosius med fru Eckardt som Abigael, Olaf Poulsen som degnen og Emil Poulsen i hovedrollen.

Hvilket stykke kunne vel være muntrere og mere betagende for en frisk blåøjet bondedreng, der første gang havde maset sig inden for dørene til scenens så forlokkende kunst! Det kan ikke være så farlig længe efter, at jeg på Dagmarteatret (i novbr. 1885) så Per Gynt med den geniale nordmand Henrik Clausen, der dengang var fuld af ungdommelig sprælskhed og kraft, i titelrollen. Hvor var jeg grebet og betaget, selv om jeg også her måtte tage til takke med teatrets fjerneste bænke. Jeg så det flere gange, jeg kunne ikke trættes af disse pragtfulde scener, især de lyriske partier greb mit hjerte stærkt: Per Gynt ved sin moders dødsseng, da han bilder hende ind, at han kører

hende op foran Himmeriges port; eller henimod stykkets
slutning, da han kommer tilbage som en isengrå van-
dringsmand for hulkende at lægge sit hoved i den syngen-
de Solvejgs skød.

<blockquote>
Sov, sov gutten min,
jeg skal vugge dig,
jeg skal våge!
</blockquote>

Da gik poesiens hellige gys gennem mit unge hjerte.
Bjørnson og Ibsen sad jo derinde i forvejen. Jeg kendte de
bedste af deres værker, men her gik nu Ibsens egne skik-
kelser i kød og blod dernede på scenens gulv, og en ny
verden, skønnere end den, hvori vi mennesker til daglig
lever, slog sine porte til side for mig.

I Politikkens hvirvelvejr

Disse år der i firserne var ikke bare for mig, men for hele det danske samfund nogle brydnings- og brændingsår, og det ikke på et område, men nær sagt på alle, hvad enten vi så kaster vort blik til den intellektuelle eller den materielle side af tilværelsen. Jeg har allerede vist, hvor kræfterne brødes i litteraturen og på andre åndsfelter, men brydningen var endda stærkere på politikkens område. Ja, nåede helt ned til de håndgribeligste ting, til industri og erhvervsliv. Således gik der en stor bærende bølge af sammenslutningstrang ind under såvel arbejderens som bondens verden, der resulterede i stærke arbejderorganisationer og på sine frådende toppe bar ikke blot industriarbejdernes sammenslutningstanke, men også bøndernes andelsforeninger og ditto mejerier og svineslagterier. Ting, der atter krævede en gennemgående omlægning af alle samfundsforhold oppe og nede, der skabte sydende kampe rundt om i vore landsbyer og købstæder; ja drev kampen lige ind under bondens port. Hver gård i landsbyen var så at sige en skanse, der skulle erobres for de nye driftsformer, der nødvendiggjordes af det større svine- og kohold, der var en betingelse for disse nye moderne anstalter til smør og flæsk. Der var vækst og grøde i vore arbejderes som i vore bønders sind i disse år. Det var på det rigtige fremsyn af det, der skabtes dengang, at bonden lever den dag i dag. Hans liv var i disse år indstillet på kamp, knald eller fald. Ville han hamle op, ville han gøre sig håb om at erobre et verdensmarked og skabe sig nye udviklingskår, måtte han først og fremmest have søvnighedens morgenklatter gnedet af øjnene. Men denne lysvågenhed i det økonomiske overførtes også i disse år på politik. Ikke blot ude på bondelandet, men også inde i den store by.

Og derinde levede jeg i alle disse bevægede år og fulgte de politiske krusninger med de gladeste øjne. Det blev vanskeligere og vanskeligere at holde sig hjemme ved bogen om aftenen, nu da man altid kunne vente spænding i gaden. De sammenstimlinger og demonstrationer, som jeg deltog i med liv og sjæl, var legio. Det var rigtig de politiske møders tid, og nye oppositionelle foreninger dannedes næsten i hver måned, sammenslutninger til at vække vælgerne og rejse deres sans for Politik. Kort sagt, til at holde den hellige ild ved lige.

Stor politisk gære var der især blandt ungdommen og da ikke mindst den læsende ungdom. Det var i disse år, at man (1882) dannede Studentersamfundet, som en politisk og litterær opposition mod den gamle forbenede og højre-aktionære "sæbekælder", Studenterforeningen, der efter-hånden havde udviklet sig til Estrupiatets og konservatis-mens højborg.

Men skellet mellem seminarist og akademiker var den-gang bredt. Jeg anede grumme lidt eller intet om, hvad der foregik mellem de radikale studenter, til hvis lavloftede lokaler i Badstuestræde jeg ingen adgang havde. På Blaa-gaard var de fleste seminarister som overalt gennemgåen-de om ikke ligefrem politisk højre, så dog godt moderate: jævnt forsigtige eller vel snarest politisk ligeglade. Selv min fremskredne ven fra disse år, Lars Christian Poulsen, gjorde ingen undtagelse. Skønt han ved sin afstamning tilhørte landproletariatet og de ubemidledes lejr, røbede han ingen social interesse. Der kom derved noget rodløst, noget ubefæstet og svajende over ham, der blev skæbne-svangert for hans karakter og fremtidige udvikling. Hans gode hoved såvel som hans højæstetiske og filosofiske interesser kunne ikke bære ham oppe. Han fattedes karak-terens rankhed og selvhævdelse, faldt for en umandig lyrisme og klynkesyge og var på det tidspunkt, da han burde have stået på sin udviklings højde, ikke langt fra forsumpning. Den gæve kammerat, der ellers havde været mig til så megen intellektuel hjælp og tirring, svigtede mig da ganske i det politiske, og jeg fandt heller ikke andre, som jeg kunne slutte mig til. Jeg gik så på egen hånd, strejfede ud, når tiden bød sig, til foragt for mine lærere, der gennemgående var reaktionære eller i bedste fald politisk indifferente.

Min gang gik hyppigst til en af de mange politiske forsamlinger, især var det Fremskridtsklubben, der havde sine møder i Vodroffslunds Beværtningsetablissement, som drog mig. Her var man altid sikker på at finde nok af ligesindede, politiske meningsfæller. Foreningen holdt åbne døre, jeg tror en gang om ugen. Man sad ved lange borde under et par søvnige gasblus og lod sig øllet smage, mens der politiseredes, som hos "kandestøberen".

Dengang kunne københavnerne synge. Det har de glemt siden. De sang om kap med selve højskolefolket. Der var af "Politiken" blevet samlet og udgivet en såkaldt Demokratisk Sangbog (1885), der benyttedes stærkt af klubbens medlemmer. Det var kraftige politiske sange, mest gamle prøvede kvad fra Jens Zetlitz' og P.A. Heibergs dage. Også en række sange fra vor egen tid. En meget yndet sang var således Sophus Schandorphs: "Stilstand er for unge hjerter døden". Men også det 18. århundredes bidske og usnobbede lyrik blev flittig taget i brug. Således hørte man ikke sjældent følgende to sange, mens vi tænkte på Estrup og hans politiske garde: "At slyngler hæves til ærens top" og "Ordener hænger man på idioter". Men den sang, der blev brugt allerhyppigst, oppe og nede, ude og inde, i tide og utide, også hver eneste aften i Fremskridtsklubbens mødesal, den såkaldte politiske slagsang (thi højere stod alligevel ikke vor demokratiske digtning i disse kampår), var denne:

Skal vor grundlov brydes led for led
af hr. Estrup og hans tros,
vor forfatning trampes hånligt ned
under junkerslængets ros?
Skal ej mere ærlig lov og ret
gælde for den danske mand?
Svar, borgere; skal vi tåle det
i vort frie fædreland?
Nej, ned med Estrup, Scavenius og Ravn,
vi vil ingen revnet grundlov ha'e i kongens København.

Sangen er på fire vers. Det ene kunstnerisk set værre end det andet. Men vi fandt den storartet og så ligefrem revolutionens Hydra stikke sit gab op af kældrene parat til at sluge os alle sammen, når denne sangs vilde toner under støvlesinkers trampen bragte vægge og glas til at skælve. Gamle gråhærdede frihedskæmper sad her i klubbens tobaksrøg og slog takt med hovederne, mens denne sang blev sunget. Man kunne ikke gå gennem byens gader en aftenstund uden at møde en forvorpen flok, der marcherede frem under denne jammerlige sangs refræn. Rundt om i provinserne var den ved politiske møder den sang, der oftest blev brugt til at sætte stemningen i vejret. Det varede ikke længe, før det blev halsløs gerning at synge den, og de folk er sikkert ikke få, der fik både fængsel og vand og brød for at tralle dens forbryderiske strofer.

Galt havde det været hele tiden under Estrups regimente, men helt til kogepunktet nåede oppositionens harme med den provisoriske finanslov af 1. april 1885. Jeg var nu ingen aften hjemme ved bøgerne, om der bare var den ringeste lejlighed til at komme ud og blande sig i mylderet. Altid var der et eller andet mærkværdigt på færde i Københavns gader. Store politiske møder afholdtes inde i hovedstaden som ude over hele landet. Chr. Berg og vor historielærer N. J. Larsen gennemlynede landet i agitatoriske turnéer, der rejste den politiske offervilje rundt om i landsbyerne og gav sig udslag i bøndernes skattenægtelse, i halvrevolutionære riffelbevægelser, hvor bøssepiben eller endog revolveren - i hvert fald for spøg - blev vendt imod regeringen. Hvert øjeblik forlød det mand og mand imellem inde i Københavns gader: Nu kommer bønderne, - med Jens Busk i spidsen! De bar samlet sig i Nordsjælland. De er parate til oprør på Mors og i Vendsyssel! - Blandt ungdommen var der ingen tvivl om, at rygterne talte sandhed. De ventede hver dag at se bondehæren med rifler og forke på Valby Bakke for at jage Estrup og "den elendige kongemagt" ud af landet. Studenterne på Regensen havde hver sin riffel, adskilt og skjult på mystisk vis i de store vægskabe.

En dag jeg sad roligt på min hybel, kom en ældre kammerat, Hansen-Vassingrød, meget højtidelig ind i min stue. Han sad længe tavs, inden han fremkom med sit ærinde. Han var medlem af en politisk klub, der var blevet dannet i disse dage. Det var en meget revolutionær klub, sagde han. Han vidste ikke, om jeg turde være medlem. Han ville gerne spørge om min alder. Da han hørte, at jeg knap var 19 år, slog han det hele hen. Så var jeg for ung, for det var en meget revolutionær klub. Der kunne godt hænde det, at der indbyrdes kastedes lod om, hvem der skulle skyde Estrup!

Sådan svælgede ungdommen overalt i mere eller mindre blodige helteroller; thi der var da altid lidt spænding ved bare at tumle med tanken. Jeg syntes, det hele var kækt, men var dog vist fuldt tilfredsstillet ved som hidtil at optræde som statist. Jeg var altid i halen på en eller anden procession, der trak igennem gaden med det bekendte feltråb: "Ned med Estrup, Scavenius og Ravn!" Sådan en skare havde ofte bevæbnet sig med sten eller kulbillinger fra skarnkasserne eller endog rådne kartofler. Toget gik gerne først til bladet "Avisens" kontorer på Østergade.

Hvor har jeg ofte hørt disse ruder klirre mod brostenene, mens en råbende og skrigende pøbelsværm trådte hinanden over tæerne ovre på det modsatte fortov. Selv har jeg aldrig båret nogen sten i min hånd, men i mit ungdommelige had ønskede jeg det flabede blad af et godt hjerte, alt hvad der måtte times det.

En sen aften rykkede folkehoben op imod selve kongens slot. I tusindvis strømmede stimlen skrålende og syngende igennem Amalienborgs kolonnade og stod sammenstuvede i et brøl omkring Hesten med alle de flammende øjne og alle de sværtede næver løftet mod kongens vinduer. Man så af og til en nervøs skikkelse komme frem på altanen og atter forsvinde bag de lange gardinfolder. Hoben blev ved at skråle, vilde råb steg op over hovederne og gav tusindfoldigt ekko mod slotslængerne. Enkelte steder inde i centrum holdtes korte eksploderende taler efterfulgt af vilde nedråb mod regeringschefen og hans hadede kolleger. På én gang faldt et par korte: "Ned med kongen!" Det lød som et par bøsseskud. Jeg holdt mig godt ude til siden for at markere min stilling som bare iagttager. Jeg tvivlede ikke på, at der snart måtte ske noget. En ophidset menneskeflok på mange tusinder kan ikke være sammen ret længe ad gangen, uden at et eller andet usædvanligt må hænde. På én gang mærkedes der en stærk uro i de bagestes geledder. Man hørte en buldrende lyd, der tiltog alt som den nærmede sig kolonnaden. Det var politiets støvlesinker, der med drønende larm væltede ind under de høje hvælvinger og styrtede med et rasende chok hen over pladsen og begyndte at slænge kraftige nævestød til højre og venstre. Mængdens fortropper satte i strakt løb, kernen styrtede skrigende og brølende efter, men klemtes flad som i en kværn ned gennem Amalie- og Frederiksgade, der ikke i den fart kunne opsluge de store horder. Kvinderne skreg, børnene trampedes ned, andre rullede snart for- snart baglæns med spidse albuer og vildt udstående øjne. Politiet var over dem og brugte sine næver og stave uden nåde. - Efter slaget blev adskillige kørt på hospitalet, men endnu flere slæbt på politistationen. Jeg havde valgt den taktik, så længe som mulig at holde mig tilbage. Politiet måtte da kunne se, at jeg var en skikkelig mand, der bare var med for at se på sjovet, hvad der var sandhed. Men politiet var ikke oplagt til sjov, så lidt som til at veje ret og uret på retfærdighedens nøjeste vægtskål. Pladsen foran mig var næsten ryddet, og som jeg ville liste mig igennem slotskolonnaden i en ubemærket retræte, fik jeg et næveslag i nakken, så jeg rullede 5-6 gange om min egen akse og havnede langt ude på torvet. Jeg hørte de plumpe sinkestøvler lige bag mig for at forfølge deres fangst. Men jeg var dem for smidig. Jeg havde ikke fået mere, end jeg kunne rejse mig op. Mit gamle hyrdedrengeblod, når jeg i kolde månenætter på bare fødder skrækslagen løb over de hugormefyldte tørvemoser, vågnede i mig. Jeg var den tunge panser med politihjelmen for rapfodet. Jeg snoede mig omkring et skarpt hjørne ud til Marmorkirken. Betjenten måtte opgive forfølgelsen af den enkelte "oprører". Jeg var reddet, men mere end 8 dage efter følte jeg den velmente politinæve i mine bløde nakkemuskler og havde møje med at dreje halsen.

Sådan havde jeg da lært, at det også kunne have sine korporlige farer at være oppositionsmand, hvad jeg senere fik ikke mindre håndgribelige beviser for.

Den 21. oktober 1885 lød det som et brandråb igennem København, at der var blevet skudt på konseilspræsident Estrup. En opfanatiseret 19-årig typograf, Julius Rasmussen, som nu ingen af de politiske partier ville kendes ved, havde luret Hans Excellence op, da han ville gå igennem sin port på Toldbodvej 26. På to skridts afstand løsnede han her to revolverskud imod ham. Det ene gik forbi og ind i porten, det andet spolerede Estrup en frakkeknap, men gjorde ham heller ikke anden skade. Ved lyden af knaldene var et par herrer, skibsfører C.C. Larsen og grosserer Toxen-Worm kommet styrtende til og havde pågrebet forbryderen. Estrup tog i øjeblikket ikke sagen alvorligere, end at han samme aften mødte til et middagsselskab hos grosserer L.P. Holmblad. Han modtog omgående fra Hans Majestæt Kongen et telegram, der på grund af sin slutning længe efter var det muntre samtaleemne landet over. De kongelige ord var disse: "Med harme og dyb sorg erfarer jeg nu, at en dansk har kunnet sætte Deres dyrebare liv i fare. Gud være takket, at misgerningen mislykkedes, og at De straks derefter har kunnet deltage i et middagsselskab."

Bladet "Avisen" tudede som en ulv og opfordrede regeringen til at bruge den hårde hånd. Det skriver den 23. samme måned: "Ingen foranstaltning vil være for hård, ingen forholdsregel for streng. Oppositionen bærer nu på en forbrydelse af den afskyeligste art. Med vor nuværende skamplettede opposition kan ingen alvorlig mand have noget at skaffe."

Bare kedeligt for bladet, at det om Julius Rasmussen oplystes, at han var et forvirret individ, der holdt Dagens Nyheder, og altså var en vanartet højremand.

I de efterfølgende dage dreves der et komplet afguderi med Estrup i skrift og tale. 25. oktober, der var en søndag, arrangeredes der et fakkel- og takketog til ham.

Toget tog sit udgangspunkt fra Ridebanen og drog over Kongens Nytorv til Toldbodvej, hvor Estrup stod bukkende og talende i det åbne vindue. Den da allerede affældige digter Carl Ploug havde været i spidsen af toget. Også en korporation af slagtere var med i hyldesttoget. Et af bladene skriver: "Slagterne lod deres stud gøre et sirligt buk for hr. Estrup. Hr. Estrup nikkede genkendende."

Den forvirrede stakkels typograf Jul. Rasmussen fik ved kriminalretten 14 års tugthus. Den 16. november 1886 sendtes han til Horsens; men dermed var sagen ikke ude af verden. Nej, med disse tåbelige dobbeltskud tog provisorierne først deres begyndelse her i landet, og her blev ikke lagt fingre imellem. Det var øjensynligt regeringens tro, at den kunne knække oppositionens magt ved bøder, fængselsstraf og politiknipler.

Den første af disse undtagelseslove, gendarmeriloven, kom den 27. oktober 1885 og spredte en række lyseblå rædsler ud over landet, der dog bragte mere forvirring i ære og dyd hos en del tjenestepiger og trappetøse, end den bidrog til retfærdighedens løftelse og den borgerlige ordens opretholdelse.

Disse drabelige svende, gendarmerne, tørnede snart sammen med befolkningen på ethvert gadehjørne. Her skal bare mindes om det store bråvallaslag ved Brønderslev Marked den 6. sept. 1886 og om manden, der fik et skud i Års Krostue en anden markedsdag i foråret 1887.

Men hele dette efterår blev det ved at rasle ned med provisorier. Den værste af disse love, den som det faldt vanskeligst for en frihedskær mand at komme uden om, og som jeg inden længe, så ung jeg var, skulle få mit sammenstød med, var det såkaldte straffeprovisorium eller tillæg til den almindelige borgerlige straffelov. Den udstedtes egenmægtigt af Estrups justitsminister Nellemann den 2. november 1885. I dens paragraf 3 hedder det: "Den som i tale eller skrift henvendt til publikum i almindelighed eller til forsamlinger, eller for øvrigt på en den offentlige ro og orden faretruende måde ophidser klasser eller dele af befolkningen til had og forbitrelse eller til voldsgerninger imod andre klasser eller dele af dem, straffes med fængsel."

Denne paragraf tog jo så tydeligt sigte mod ethvert fribårent og djærvt ord af regeringens modstandere, at justitsministeren og hans chef egentlig kunne få enhver offentlig person, der var dem ubehagelig, under lås og lukke.

Under al den politiske forvirring og hurlumhej omkring mig som inde i mit eget letvakte og ungdommelige sind nærmede sig nu den tid, da jeg måtte tage mig sammen og forsage alle politiske møder og alt, hvad der ellers trak i mig for at samle mig om mine egne snævre opgaver, der stillede deres uomgængelige krav i en præliminæreksamens skikkelse. Jeg kunne da ikke have ladet min fattige far fremskaffe og sende mig de surt erhvervede skillinger helt forgæves. Jeg måtte stramme mig op, og at dømme efter mit eksamensbevis må jeg også i nogen grad have gjort det. Eksamenen afsluttedes i juli måned 1886. I de ting, der kræver tid og sammenbidt energi som matematik og grammatik, står det dog kun sløjt til med resultatet. I matematik endog forargelig sløjt, da den kun har indbragt mig tg?. Besynderlig nok har jeg i skriftlig regning ug, også i modersmålet ug i det mundtlige og mg i det skriftlige. Mine karakterer for naturfagene har altid været gode, 5 "mg'er" er strøet ud over fagene, så gennemgående kunne resultatet jo gå an uden dog i nogen måde at kaldes glimrende. Men jeg kom igennem det, og som alle unge mennesker, der i den smukke sommertid vender tilbage til hjemmet med en pæn eksamen, følte jeg mig som en ung fole, der uden tøjler eller trenser af nogen art blev sluppet ud på det grønne, solbeskinnede sommergræs.

Far havde måttet skaffe 14-1500 kroner til veje til min eksamens bestridelse. Når man tænker på, at jeg havde været borte det meste af to år, kan det vel ikke siges, at jeg har været ham nogen overdreven ødsel søn; men pengene strakte jo langt videre dengang end nu, og summen havde været mere end stor nok for hans sparsomme kår. Der kunne under ingen omstændigheder tænkes på, at han skulle hjælpe mig videre på eksamensvejen. Hvad, jeg ville eller ikke ville, måtte blive min egen sag. Jeg tror ikke, jeg har gjort mig mange spekulationer over den ting. Men hvilke planer jeg end i mit stille sind kan have næret, så begyndte nu det fribytterliv for eksistensen, der venter enhver mand, som ingen afsluttende eksamen har.

Det blev en yderst bugtet livslinje, trukket mere af tilfældigheden end af nogen som helst planlæggende hånd. Jeg havde ved mit hovedstadsophold, især da ved seminariets lørdagsdiskussioner, erhvervet mig en ikke ringe færdighed i det mundtlige foredrag. Genertheden tyngede mig ikke væsentlig. Fantasien har altid stået mig rigelig til rådighed. Nogen kundskab havde jeg da også, især i de historiske fag, der efterhånden udviklede sig til at blive mit yndlingsstudium, så det gennem flere år af min ungdom helt tog luven fra skønlitteraturen. Jeg havde også lige fra barndommen været en stor ynder af populariserede naturfag, som fysik, zoologi og botanik. Også populærastronomien havde en tid et tag i mig. Alle disse fags elementer havde jeg jo et førstehåndskendskab til gennem mit hyrdeliv, og gennem letskrevne håndbøger havde jeg lige fra de første ungdomsår på egen hånd søgt at forklare mig naturfænomenerne, så snart de kom inden for mit synsfelt. Og det havde altid været mig en usigelig tilfredsstillelse at komme bagom tingene og få dem til at røbe deres hemmeligheder for mig. Jeg husker således min glæde, da jeg som dreng på egen hånd kom efter, hvordan det forholdt sig med et lille kildevæld, der brød frem fra en skråning nede i min fars eng ved "stremmen".

Det var vinter, og midt på den lave bakke lå der en hel pude af is, der dag for dag, som frosten tiltog, blev tykkere med lag over lag. Min barnlige tanke tumlede længe med det fænomen. En stor terrasseformet isknot oppe midt på en forhøjning, hvor var den kommet fra? Jeg vidste ikke af, at her var noget kildespring; i sommerens tørre tid viste det sig nemlig aldrig. Men ved længere tids iagttagelse kom jeg dog efter, at det var en lille vandåre inde i bakken, der var årsag til den store iskage, der i tykkere og tættere lag dannede sig på ny, nat efter nat, så længe frosten vedvarede. Jeg var meget stolt over min opdagelse, men høstede ingen anerkendelse hos kammeraterne, da jeg også søgte at interessere dem for sagen. For dem havde det aldrig været noget problem, så kunne de jo heller ikke have nogen glæde af dets løsning.

Mine ferier, der talte mindst to, jule- og sommerferie, tilbragte jeg rundt om hos venner i hjemegnen. Af dem havde jeg efterhånden fået en del. Mit hjem i Aakjær var naturligvis mit altid kære udgangspunkt, hvor forældrene havde overdraget mig den rummelige og selv i den stærke sommerhede kølige storstue, hvor tiden gik godt og glad med læsning og boglig syssel, når jeg virkelig var hjemme. Min mor, der inderst inde elskede mig så rørende, var altid lykkelig ved at vide mig under hjemmets tag og forkælede mig med små lækkerbiskener, som hun kunne fremstille af husets egne produkter på en egen velsmagende måde; især havde hun taget patent på en brødpandekage, hvis hovedingredienser foruden friske æg bestod af grovbrød gennemtrukket af sur fløde. Den dag i dag kunne jeg fristes til at foretrække denne ret for alverdens hotellers udsøgte raffinementer. Men, som sagt, jeg var allerede dengang en urolig ånd, en omstrejfer af reneste vand, med en eventyrers vagabonderende blod i mine årer. Altid var der noget, jeg skulle have set efter, en ejendommelighed i natur eller folkeliv, som jeg ville tilegne mig. Altid dog ude på bondelandet, købstæderne havde ingen tiltrækning for mig. Penge havde jeg ingen af; tjente ingen, trængte ingen, begærede ingen. Det er ubegribeligt, hvordan man kom igennem fra konfirmationen og op mod mit tyvende år, da jeg ikke ved, at jeg tjente 2 øre. Hvad skulle jeg tjene noget ved? Jo, det par år jeg var hjemme som karl i sen fædrene gård, da holdt jeg jo nok en fremmed ude og havde fortjent en løn. Jeg fik den bare ikke, og fandt det formodentlig i sin orden. Far havde jo allerede kostet en del på min uddannelse i Staby. Skulle man til et marked eller et gilde, skulle man da også have et par skilling i lommen, om ikke til andet, så til spillemanden der sad og gned på strengene natten ud og ville tale nedsættende andre steder om den knægt af Jens Peders, der luskede fra gildet uden at give spillemandspenge. Det var jo det eneste, manden fik for sin ulejlighed. Gildesfolket gav ham ingen ting ud over drik og god fortæring.

Men alle mennesker i disse tider, ungdommen ikke mindst, var meget nøjsomme og kunne komme igennem verden næsten uden kongens mønt. Bønderne producerede vel knap så meget som nu, men langt mere med husstanden og den snævre familiekreds for øje. Børnenes og forældrenes tøj blev gennemgående fremstillet i selve hjemmet, knap en eneste lap blev båret udenfor. Omvandrende skræddere af både han- og hunkøn kom og syede sønners og døtres tøj. Den daglige føde har bonden altid haft; i min tid havde han den endda så rigelig, at han kunne bortskænke en del til trængende og fattige. Ens far gik med husmanden på loftet og fyldte en slant korn i hans sæk; og slagtede mor et svin, var det som om tiggerne rundt om kunne lugte det. De kom i døren og bød goddaw og Guds fred, og i Jesu navn gik mor ud med den brede brødkniv og skar et stykke af den slagtede galt til hver især. Sådan havde det været hele min barndom. Sådan var det endnu, da min mor nærmede sig sin grav.

Jeg var dengang en lidenskabelig fodgænger, der kunne gå og gå uden at trættes. Toget brugte jeg af gode grunde grumme lidt; jeg havde sandt for dyden ikke penge dertil! Jeg sled på de solide fedtlæderstøvler med de påsatte lapper oppe og nede, kludret sammen af en eller anden landsbyskomager i hjemmets nærhed. Ofte gik jeg højt syngende hen over landskabet, en vane jeg havde svært ved at lægge af, da den var indøvet under mit ensomme hyrdeliv. Oftest satte jeg sni på, bare jeg vidste retningen, uden hverken vej eller sti. Der var masser af uopdyrkede strækninger dengang, så man kunne let undgå kornmarkerne. Det eneste, der kunne spærre ens vej, var en å; thi den bæk skulle være meget bred, som ikke jeg kunne springe over med min smule rejsetaske på raden.

Hos venner og bekendte gav jeg valuta for opholdet, ved det gode humør jeg bragte til huse, og Morten Eskesens Sangbog havde jeg jo i tasken eller i hukommelsen. Der var dog især tre steder foruden mit hjem i Aakjær, hvor jeg kom meget i disse unge år, og hvor de gerne ville have én så længe, man bare ville blive. Det var hos lærer N. Jakobsen, Fly, hos Per Odgaard, Tastum, og hos mejerist Esper Andersen, Jebjerg. Jakobsen blev stadig ved med at nære de varmeste følelser for mig, til trods for at jeg udviklede mig i en retning, som nu og da aftvang ham et fromt suk. Hele den ny tids kamp og gæring med dens kritiske forhold, især til de religiøse værdier, på hvilke han selv levede sit fromhedsliv så uryggeligt fast og sikkert, kunne kun vække hans ængstelse. Han skyede dog at komme i disput med mig om sine fundamentale livsprincipper. Han ville nemlig nødig tvinges til at erkende, hvad der ængstede ham, at jeg ikke mere kunne dele hans troskyldige gudsopfattelse med ham. Ja, at jeg måske allerede havde sat det meste af den barnetro over styr, som han og mine forældre havde givet mig med som tærepenge på livssejladsen.

Ilter og diskussionslysten, som al ungdom der befinder sig midt i en gæringsproces, tog jeg langtfra altid sømmeligt hensyn til min gamle, alvorlige lærers ønske om tavshed på dette kildne område. Det blev i længden også trættende for os begge at sidde og snerpe mundene sammen uden at turde tale frit ud til hinanden om nogen verdens ting. Jeg begyndte at finde Jakobsen lidt kedelig; man kunne jo aldrig komme i diskussion med ham, og diskussion var i disse år min fornemste fornøjelse, ligeså nødvendig for mig som lærd disput for Erasmus Montanus.

Men jeg havde fundet en anden ven, der ikke var ræd for diskussion af nogen art, og som befandt sig i en lignende gærings- og overgangstid, som jeg selv. Det var den førnævnte bonde, Peder Odgaard, der var født på Thyholm, men i midten af halvfjerdserne havde købt en gård i Tastum. Han kom til at spille en stor rolle for mig i disse ungdommeligt brusende år, og vi tabte ikke helt interessen for hinanden noget øjeblik, mens han levede, selv om vi måtte igennem adskilligt sammen af både godt og ondt. Vel havde han aldrig været i stand til at give mig en ny ide eller blot kaste klarere lys over nyt eller gammelt. I så henseende kan hans betydning ikke tåle nogen sammenligning med lærer Jakobsen. Men Peder Odgaard var en levende, livsbevæget mand i disse vore første bekendtskabsår, et knagende godt hoved, hvor man så satte ham. Han havde lyst til at lære livet at kende, mere af det mundtlige ord end af bøgerne. Til egentlig læsning havde han aldrig taget sig tid, men han var det "levende ords" mand om en hals; kunne aldrig trættes af at "diskutere", blev ikke vrippen eller vred over de mest ungdommelige modsigelser; havde altid et svar på rede hånd, præget af hans stærke, tit billedrige og træffende bondelune.

Hvordan bekendtskabet var opstået mellem os, inden det udviklede sig til et inderligt og oprigtigt venskab, har jeg ikke helt på det rene. Han var ikke så lidt ældre end jeg, en anset og virksom gårdmand, den selvsagte fører og foregangsmand blandt sine standsfæller, da jeg endnu var en grøn spire i konfirmationsalderen. Jeg tænker, om ikke det var første gang, jeg så ham, da jeg en aftenstund sammen med en del anden bondeungdom havde indfundet mig til et møde i hans hjem, hvor den kendte morsingbo, højskolemand Kr. Poulsen Dahl talte. Per Odgaard var da nylig kommet til egnen. Han boede endnu ugift i en meget gammel gård midt i Tastum By. Højskolefernissen, som han havde bragt med sig fra sit ophold på Oddense Højskole, hang endnu med frisksmurte strøg ved ham. Så vidt jeg husker, talte han den aften ikke selv, men med en næsten sønlig ærbødighed hang hans øjne ved den underlige, vadmelsklædte, knoklede skikkelse, som alene førte ordet her i den gamle stue, der mindede meget om mit eget hjem med sine mælkehylder langs bjælkerne og alkover, langbænk og bilægger op ad de kalkede vægge. Mere end højst en snes tilhørere var vi ikke. Hvad der skete, har jeg glemt, kun de to skikkelser står endnu for mit blik: Den høje, ranglede, bondeklædte højskoleforstander, hvis øjne lyste med et underligt trolddomsagtigt, rødt lys, som jeg aldrig siden har iagttaget i et menneskes blik, og så denne lyse, kraftige ynglingeskikkelse med det svagt tegnede kindskæg, og denne troende varme i blikket, der så op på sin gamle læremester som disciplen Gamaliel, siddende ved sin forgudede lærer Pauli fødder.

Den næste gang, jeg så Per Odgaard, var sikkert hin dag i 1881, da han med egen befordring kom kørende op foran lærer Jakobsens dør med en livfuld, lavstammet, bredskuldret, lidt mavet herre, der sprang ned fra vognen med nogle lette, spændstige gummibevægelser i kravestøvlerne og gjorde et par energiske spørgsmål til den modtagende vært. Den lille, vævre mand, som alle behandlede med udsøgt ærbødighed, og som der lyste energi af som af en bombe, var kaptajn Enrico Dalgas, der havde trukket efter røglugten af Flys afbrændte lynghede som skarnbassen efter en kolort, og som nu skulle trylle en plantage frem af asken for de forsamlede bønders lange og tvære ansigter. Her var Per Odgaard lutter knitrende ild og flamme. Ordene snublede kejtet over hinanden, men de kom igen og igen, indtil de tændte bag vadmelsvestene dernede på skolens umagelige bænke.

Da vognen kørte bort, kunne Dalgas med god samvittighed lægge sine brede rygstykker magelig tilbage mod den knagende agestol. Plantagen var sikret. Beplantningssagen havde fejret en ny sejr også på disse kanter, så det sprang op med plantage ved plantage i de efterfølgende år; men skylden var ikke helt kaptajnens egen, men nok så meget den glødende tastumbondes. I erkendelse deraf har man da også for et par år siden (1925) rejst Per Odgaard en smuk mindesten i randen af denne nu snart 50-årige plantning langs Skive-Kolding Landevej.

Per Odgaard var i disse første ungdomsår, endnu inden han flyttede den gamle gård op på den høje bakke, hvor han kaldte den Ny Tastumgaard, en foregangsmand for sin egn på alle tænkelige materielle og økonomiske områder. Han var dalet herned i Fjends Herred, inden den ny tid havde fået sit energiske ansigt på, og havde svunget sit scepter over mark og stald. Per Odgaard blev denne ny tids aldrig trættende herold. Han var den, der satte alle foretagender i gang, indvarslede til de forberedende møder, blev den ledende og førende, den der indblæste livsånde i det alt sammen. Han begyndte med plantagerne, skred videre over mejeri, slagteri, andelsforeninger, de økonomiske sammenslutninger, de forbedrede husdyrracer gennem avlscentre og fælles avlshingst. Han viste fremad i landbruget ved talrige nybegyndelser på sin egen mark. Han oprettede fællesmejeri i en ende af sit nye stuehus. Han byggede et stort teglværk op ad sin gård, hvor der altid lugtede af tørverøg, og hvor en hel række småfolk tjente deres daglige brød. Intet kunne sættes i scene udenom ham. Han svømmede som en fisk i den ny tids bestandig sprudlende strømninger. Han var ligesom umættelig i sin foretagsomhedsrus; kunne ikke begrænses til hans egen snævre grund, men gik ind i filialer og interessentskaber, viden om, hvor der var fundet materiale til fremstilling af tørv eller teglsten, indtil han korporligt ligesom sprængte sig selv i endeløse foretagender og fabriksvirksomheder, der omsluttede en hel købstad og dens befolkning. Men her er vi kommet så langt foran os selv og begivenhederne, at vi må foretage en fornøden retræte.

Hvor mange store og små materielle projekter Per Odgaard end tumlede med under sin fedtede kasket, så blev dog det levende ords hellige ild, Oddense Højskoles signede alterild, længe ved at brænde i ham. Havde han fået de par mænd, der var mødt hos ham for at aftale det fornødne indkøb af kunstgødning eller en ny præmietyr, skubbet ud af døren, kunne han øjeblikkelig med lysende øjne vende sig til mig, der sad ventende ved en bog, og rage mig ind i en timelang diskussion om "hjemmets betydning for opdragelsen" eller de højeste religiøse og moralske spørgsmål. Var Per Odgaard træt eller ked af noget, så skulle man bare pille lidt ved kanten af afholdssagen, bare udtrykke en svag skepsis om højstsammes evige betydning. Øjeblikkelig ville han være over én med næb og kløer og glemme al ærgrelse og træthed, mens røgen stod ud af hans pibe som af en fabriksskorsten, og han løb frem og tilbage med kæmpeskridt over gulvbrædderne, mens hans skrækkelig raltede og nedtrådte sutter slog klask på hans hæle.

Sådan har Per Odgaard og jeg tilbragt døgn efter døgn i endeløse ordkampe om alt mellem himmel og jord, ja, i himlen og under jorden, timevis uden at trættes, i hans store lyse stuer, såvel som langs kornringlende markstier, hvor sommergyldne solskyer trak over vore bondehoveder. Kunde vi ikke få vore ting diskuteret færdig, fordi vi var blevet for trætte til at føre diskussionen til ende i oprejst stilling, har han tit inviteret mig med i seng, hans egen dobbeltseng, hvor vi har snakket hinanden i søvn, indtil den enes snorken omsider bragte ordkampen til ophør.

Her fik jeg gennem årene mit andet hjem. Til sidst kunne vi slet ikke undvære hinanden. I begyndelsen af 1887 flyttede jeg min smule habengut til Tastumgaard, hvor jeg

fik et loftsværelse for mig selv, og kunne foretage mig
hvad jeg ville. Det hed sig, at jeg skulle undervise en søn,
Niels, da 7-8 år, nu den stovte ejer af fødegården, men det
var endnu vigtigere, at Per Odgaard og jeg fik vore dagli-
ge diskussioner. Jeg blev ved at læse meget litteratur, alle
de moderne digtere af nogen betydning. Per Odgaard læ-
ste ingenting, men han ventede, at når jeg havde læst en
bog, skulle jeg fortælle ham indholdet og helst have mine
betænkninger færdige, så der forelå et friskt diskussions-
emne. Somme tider kunne han jo ikke læse den bog, jeg
læste, fordi dens sprog lagde ham hindringer i vejen.
F.eks. når jeg havde fået fat i noget af Strindberg eller
Arne Garborg i hans norske bondemål. Her var sandelig
grundlag for mange dages debat, især om Garborgs friske
meninger om Kvinden og sædelighedsproblemerne. Hans
værk: "Fri skilsmisse" gav os arbejdsstof til mange døgn.
Min opgave var det som oftest at forsvare forfatterens
mening. Per Odgaard, der altid måtte skue tilbage til sin
højskole, og hvad man der ville mene om sagen, kæmpede
længe for sine livssager imod den alt for røde radikalist.
Men han blev aldrig oprørt over nogen dristighed, selv om
den gik hans egne fundamentale principper nok så kraftigt
på huden.

Jeg husker ham især fra nogle hede middagstimer, da jeg
havde fået fat i endnu en ny bog af Arne Garborg, om jeg
husker, var det "Mannfolk". Per Odgaard var om ikke
nogen tyrannisk, så dog en ret bestemt arbejdsgiver, der
skulle have det mest mulige ud af sine folk i arbejdstiden;
og karlene, især forkarlen, skulle være tidlig på tæerne;
men han undte dem også godt en middagshvile, og for at
den kunne blive så lang og uforstyrret som muligt, havde
Per Odgaard påtaget sig den sommer i karlens sted at
fodre hestene, mens deres vogter sov. Han tilbragte derfor
middagsstunden i stalden for at være parat, når en af he-
stene havde ædt op; og for at få det mest mulige ud af

tiden også i hestestalden, havde jeg fået anmodning om at slå middagstiden ihjel med ham her bag hesterumperne; og vi kom da i et sådant skænderi om Garborgs nye bog og dens moralske udsvævelser, at han glemte hestene, der sparkede i krybben, så splinterne røg for at få mere hakkelse for mulen, og den moralsk indignerede hestepasser for op og ned med foderkoppen mellem de forsømte dyr, mens han slængte det ene vredesord efter det andet imod Garborg og hans skægløse forsvarer, der her brugte en hestegrebning som skranke.

Som tidligere bemærket, havde jeg lidt efter lidt uddannet mine medfødte anlæg til at stå over for en offentlig forsamling som foredragsholder; thi det er som bekendt ikke nær det samme som at kunne deltage i en diskussion på tomandshånd. Ja, det er forbavsende at lægge mærke til denne forskel. En mand kan være et vittigt hoved, både kløgtig og skarp og vant til at tænke logisk og udtrykke sig præcist og uden slinger. Han kan brænde af lyst til at udmærke sig og sitre af lidenskab efter at tage ordet og kaste sig ind i en offentlig debat. Men stiger han op på talerstolen, så er det som om jorden forsvandt under hans fødder. Han stirrer ud i et tomt rum. Alverden drejer rundt for hans øjne, og inde bag øjnene drejer det også rundt. Han føler sig uhjælpelig kompromitteret; den ellers så klarhjernede og dygtige mand er kommet ud for et tilfælde af åndslammelse og er sunket ned i idioternes lejr. Han går ned af talerstolen, bleg, svedende, tilintetgjort, som en næsvis kat, man trækker ned fra bordet ved halen. Andre, der måske slet ikke har nogen af denne mands fortrinlige intellektuelle egenskaber, som kan være kedelige og dumme på tomandshånd, så man ikke kan hanke en åndrighed ud af dem med et kosteskaft, liver op, kommer i deres es, når de løftes op på denne platform, to alen over deres medmennesker. For den første var talerstolen et skafot, for den anden bliver det som en trone, hvorfra han hersker over lyttende undergivne.

Jeg kan ikke huske, hvornår jeg begyndte at tale, men inden jeg nærmede mig alderdommen og ugideligbeden, elskede jeg det at stå på et kateder, og jeg har stået der de utalte gange, så der er næppe nogen talerstol af noget navn, der ikke på et eller andet tidspunkt har vinket ad mig.

Jeg har i mine yngre år talt i hundrede forsamlingshuse ude i landsbyerne. Jeg har talt i alle Danmarks købstæder - med undtagelse af Præstø. Jeg har været med og ofte indledt de store friluftsmøder på det jyske lands højde-punkter, hvor man samles i det danske sommervejr; men syldstenen til al den talerkunst blev lagt her hos Per Od-gaard i 1886, efter jeg var kommet hjem fra Blaagaard.

Per Odgaard og jeg blev enige om, at det kunne være godt for de folkeopdragende interesser, der brændte i os begge, at samle egnens folk under de jævneste former til sang og foredrag i hans store, lyse stue. Der var dengang få forsamlingshuse. Først langt senere kom der ét i Tastum. Per Odgaard selv var ikke ueffen til at tale. Han havde et par kæpheste, som han gerne red, hjemmet og børneopdragelsen, og jeg måtte efter min alder kaldes mægtig alsidig; veltalende ansås jeg også for at være, og jeg kunne synge omtrent enhver sang i sangbogen, i mod-sætning til Per Odgaard, der ikke havde en tone i livet, men til trods derfor, hvad hyppigt er tilfældet med umusi-kalske mennesker, havde glæde af at høre andre synge. Det gjordes til en fast regel, at vi mødtes med vore tilhø-rere søndag eftermiddag en gang om måneden efter præ-dikentid.

Det blev jo ikke store forsamlinger, 20-30 tilhørere, mest unge mennesker, der elskede at komme sammen under hyggelige former og lære nye sange af de medbragte sangbøger. Per Odgaards foredrag var hyppigst fromladne og tiltalte derfor mest de ældre. Mine derimod, pågående og agitatorisk udfordrende, hvad der vandt mig de unges hjerter. Mine taler havde som oftest en snert til det religiøse, et udfald mod dogmerne og katekismen, små vulkanske knald, som der gik ekko af i egnen viden om.

Ved et af disse søndagsmøder i eftersommeren 1886 så jeg første gang Marie Bregendahl, der 7 år efter skulle blive min hustru.

Hun var da 19, jeg 20 år gammel. Vi stod begge i en kraftig åndelig gæring. Jeg havde vel nok været lidt nærmere "den hellige ild" end hun, men hun havde et mærkeligt instinkt for, hvad der kunne fremme hendes intellektuelle vækst. Den håndfuld moderne litteratur, hun ligesom ved et tilfælde var kommet forbi, havde allerede sat sit præg på hendes følelsesliv.

Det må have været søndag den 5. september, at jeg traf hende her ved mit møde på Tastumgaard. Hun havde sin forlovede Jens Peder Gudiksen Møller (fra Neder Balling Mølle) med til mødet. Vi fulgtes hjemad alle tre under de blinkende stjerner. Om vi kunne have læst vore skæbner i dem! Men livet er nådigt!

Maries og mit hjem lå i samme sogn med kun en stiv fjerdingvej imellem os. Jeg kom tit til Bregendal det efterår. Marie havde fæstet sig som pige til Vrigsted Højskole i Østjylland. Hendes bortrejse fra egnen, novbr. 1886, gav anledning til en udstrakt brevveksling imellem os. Mit første brev er dateret "Aakjær i Fly 5. novb. 1886". Der fulgte hundrede og atter hundrede efter, nogle på over 30 sider! Breve var jo på det tidspunkt ens eneste forfatterskab; men også som sådant har de haft deres smukke betydning.

Foruden Per Odgaard og jeg talte også engang imellem stedets skolelærer Jørgen Petersen, Tastum, en lidt sødladen, grundtvigiansk sjællænder, der mindede stærkt om de friskolelærertyper, som Henrik Pontoppidan yndede at lege himmelspræt med i sine første satiriske samfundsfortællinger.

Disse søndagsmøder her hos Per Odgaard må have taget deres begyndelse kort efter, at jeg i 1886 var kommet hjem fra hovedstaden. Men fuld af ungdommelig virkelyst følte jeg mig ikke tilfredsstillet ved blot at tale denne ene gang om måneden. Jeg arrangerede også små møder i mine forældres hjem i Aakjær, og opnåede tillige sogerådsformand Peder Madsens og lærer Jakobsens tilladelse til at samle mine tilhørere i Fly Skolelokale, hvad der snart skulle blive skæbnesvangert for mig og en række andre.

Imens læste jeg på kraft, først derhjemme i mine forældres storstue, senere i mit nye logi hos Per Odgaard. Jeg havde erhvervet mig Cantus' "Store Verdenshistorie", oversat i 70'erne af Edward Holm. Det var min hovedkilde til historisk viden. Før mit tyvende år havde jeg gennemlæst dette tykke, livligt skrevne 7 binds værk to gange og gjort talrige uddrag af det til brug for min foredragsvirksomhed. Også en række andre historiske værker, der var til at opnå for en billig penge, havde jeg stående i min reol. Men i mit studierum, "storstuen" i Aakjær, var der ingen kakkelovn, og de andre tarvelige rum derhjemme var fulde af støjende søskende, og da Per Odgaard tilbød mig en hyggelig stue i sit hjem, flyttede jeg ned til ham i efteråret 1886 og havde nu et års tid mit faste stade hos ham.

Vi havde jo - som tidligere anført - uhyre meget at dele med hinanden, var et par gærende mennesker begge to, som aldrig kedede os i hinandens selskab. Jeg læste og meddelte Per Odgaard af min videns fylde, hvad jeg mente, han havde brug for. Han og hans hustru, den tunghøre, men inderlig rare og godlidende Karen, gjorde livet i disse gærende ungdomsår lyst og behageligt for mig, uden småligt at spørge om, hvad nytte de havde af den unge klør, der helst sad fordybet i sine bøger dag og nat.

Der kom i Per Odgaards hjem mange fremmede, mest præster og højskolemænd af hans egen grundtvigske støbning, folk, der heller ikke gik af vejen for en drøftelse af livsproblemerne. Som oftest gyste de dog lidt ved min begyndende fritænkerske respektløshed over for alt det vedtagne. Men Per Odgaard lo en god latter, når jeg satte hans gæster til vægs i ordkampen, selv om hans hjerte endnu lå nærmest ved deres side.

I dette hjem fortsatte jeg den på Blaagaard så småt begyndte lyriske digtning, endnu spinkle og famlende forsøg, øjeblikkets børn, der spirede op af det unge, stemningsbevægede sind som mælkebøtter og gåseurt af en solbeskinnet forårsager. Et af digtene var det før omtalte hyldestkvad til Per Odgaard. Dette må vel anses for tabt; andre lever; deriblandt det i de samlede digte optrykte "Torden" samt en hidtil utrykt hymne til "Tastumgaard", der lød således:

> Åh, nej, hvor er her dog venligt og kønt,
> alt så fortryllende, frodigt og grønt,
> alt her velsignelsens sølverdåb får.
> Ja, her er dejligt på Tastumgaard!
>
> Her ser du haven med træer og med park,
> længere fremme den rugsvangre mark.
> Aksene gulne; om høst det spår.
> Ja, her er dejligt på Tastumgaard.
>
> Vinden leger her dagen lang.
> Over os driver grålærkernes sang,
> yndigt om høsten, men dejligst i vår.
> Ja, her er dejligt på Tastumgaard!

Hør hvor han jubler den spottende stær,
hør hvilken støj under tag og i træ'r;
ret gudvelsignet er fuglenes kår
her på det dejlige Tastumgaard.

Rundt om os buldrer maskinernes larm,
damphesten stønner foraset og varm,
vognene rumler langs stenbroen hård,
ja, her er dejligt på Tastumgaard.

Virkende hænder ihvor man end ser;
se, hvor der slides i muld og i ler,
skovlene klirrer og plejlene slår.
Ja, her er dejligt på Tastumgaard.

Arbejd og skæmt går helt lystigt på rad,
alvor og gammen det følges godt ad,
ingen en spøg eller "æmpe" forsmår,
nej, her er dejligt på Tastumgaard.

Sprudlende liv under arbejd og sang,
raskhed i gerning og raskhed i gang.
Higende fremskridt fra år og til år,
sådan man lever på Tastumgaard.

Lad det da vokse, det yndige hjem,
videre, klarere, lysere frem.
Himmel, beskærm du den grund, hvor det står!
Favn du det dejlige Tastumgaard!

Mit sind var dog denne sommer og efteråret 1886 meget mere optaget af politik, om samfundsproblemerne i almindelighed, end af poesien. Hvad tanke, jeg i det hele taget har gjort mig om min fremtid, om jeg har foretrukket det ene for det andet eller overhovedet ment, at jeg havde et digterkald, kan jeg nu ikke mere afgøre. Kun ét er vist: Jeg var et levende, ungt menneske, der åbnede sin favn for lyset og livet, og som kun var optaget af at gro, udvide mine kundskaber og min sympati med alskabningen.

For øjeblikket gik der en skummende politisk bølge hen over det danske samfund, en ængstelse hos jævne mennesker for atter at tabe den folkefrihed, som var sikret små og store gennem mange års forfatningskamp. Denne ængstelse og dette politiske røre var omsider også nået til disse forsømte egne. Det styrt af provisoriske love, som Estrup og hans hovmodige junkerflok med en spottende latter havde hældt ud over hovedet på alt demokrati, havde også i Fjends Herred skræmt sindene op og gjort de ikke alt for søvnige lysvågne. Hele landsdelen stod i et kog, da jeg i sommeren 1886 kom hjem fra Blaagaard. Ilden holdtes stadig ved lige ved nye hændelser, der blæste flammerne til vejrs og tvang den ellers til daglig så rolige og afbalancerede befolkning til at tage parti og kaste sig ind i striden med protester og adresser og skattenægtelser. Komediens første akter på disse egne var dog allerede udspillet, før jeg kom hjem; men min fødeegn var fuld af samtalestof om de nærmeste begivenheder. Det tog sin begyndelse ved folketingsmand Ravns fængsling og dom for majestætsfornærmelse foråret 1885, gik videre over "Pigen fra Løvel", hvis navn i disse år havde en klang, der kunne minde om "Jomfruen fra Orléans". Det fik sin foreløbige afslutning med selve folkehøvdingen Christen Bergs domfældelse og månedlange indespærring for, hvad der skete ved hans møde i Holstebro den 16. juni 1885.

Det var alt sammen begivenheder, der hændte så at sige lige uden for min hjemegns vinduer, og derfor fyldte de egnen med den mest glødende interesse. Jeg skal give et kort rids af alle tre tilfælde, inden jeg går over til at skildre mit eget ungdommelige sammenstød med Estrups pansrede, provisoriske overmagt. Først da Chresten Ravns sag.

Han, der var skolelærer i Borup i Fjends Herred, havde den 15. april 1885 holdt et møde i Ørum Forsamlingshus, hvor han havde talt om de politiske forhold i landet gennem de sidste tre fjerdingår. Under denne tale drejede han ordet energisk hen på Hans Majestæt Kong Christian den Niende og hans forhold til det Estrupske regimente, under hvilket befolkningen sukkede. Ravn bragte selv referatet af sin tale til Viborg Folkeblad. Efter dette har han blandt andet rettet følgende spørgsmål til forsamlingen: "Hvem lider nu mest under disse fortvivlede forhold?" Og han svarer sig selv: "Det konstitutionelle kongedømme." Ravn fortsætter: "Hvor man færdes blandt folk, hører man følgende udtalelser: "Er kong Christian den Niende ikke den konge, den danske rigsdag valgte til tronfølger, fordi han ikke som sine brødre var med i oprørshæren? Er det ikke den konge, som 1877 underskrev provisoriet? Er det ikke den konge, som i fjor i Aalborg måtte omgive sig med dragoner med skarpe våben? Er det ikke den konge, som i 1885 underskrev provisoriet og som måtte omgives af politibetjente, kasernerede soldater med opkørte kanoner og armerede krigsskibe, og som måtte have en livvagt af junkerlige eventyrere puttet i garderuniformer?" Og Ravn går videre og fortæller, at han har hørt, at den gamle politiker Alberti, der uafbrudt har siddet i rigsdagen, siden vi fik den nuværende forfatning, har ladet sig forlyde med, at blandt alle de afstemninger, som han har deltaget i, er der kun én, han har fortrudt: Da han stemte for, at Christian den Niende skulle være dansk konge.

Så hvasse, politiske ord faldt der i den tids Fjends Herred. De blev ikke mindre mærkelige derved, at de udtaltes af en mand, der inden sin død blev en af de moderateste og blødeste i dansk politik.

Ravn fik ikke lov til at dø i synden. Op mod jul 1885 dømtes han ved Højesteret til at have sit skolelærerembede forbrudt, samt indsættes 3 måneder i fængsel.

Dommen eksekveredes straks. Ravn indsattes den 24. december, - altså juleaften! - i et af de skumle fangehuller i Viborg Dom- og Arresthus, hvor jeg inden længe skulle afløse ham.

Også den næste sag handlede om majestætsfornærmelse. "Pigen fra Løvel", eller som hendes borgerlige navn var, Kirsten Simonsen, var en 25-årig gårdmandsdatter, da hun den 14. maj 1885 sammen med en mandlig hjælper, en ung landsbyvæver, huggede hovedet af Christian den Niendes buste, der stod i Løvel Forsamlingshus, og slængte det ud på en sanddynge eller mødding. Til hovedets plads på fodstykket havde hun ladet klistre en seddel, hvorpå stod skrevet med store bogstaver: "Ned med ham! Friheden leve!" Ved siden af Christian den Niendes buste stod uskændet Frederik den Syvendes. På den var klistret og skrevet en lignende seddel med ordene: "Folkets kærlighed min styrke."

Denne ungdommelige handling rejste, som man kan vide, en sydende harme i egnens konservative hjerter. Viborg Stiftstidende skriver dagen efter: "Den sæd, som de herrer folketingsmænd af Venstre så samvittighedsfuldt udsår i befolkningen for at rokke tilliden og kærligheden til kongen, begynder allerede at spire, hvad følgende pøbelagtighed, udøvet i Løvel Forsamlingshus mod Hans Majestæts buste, der hidtil har været opstillet i salen, noksom bærer vidne om."

Nu følger en indigneret skildring af alt det passerede. Senere rettes det dog til, at det afhuggede hoved blev fundet i en sanddynge i et køkken, hvor det antages, at eksekutionen er foregået Det meddeles med triumf, at forsamlingsbygningens bestyrelse straks har gjort skridt til at udstyre Hans Majestæt med et nyt hoved. Senere kan bladet meddele, at Kirsten, der, såvel som væveren, har måttet vedgå sin brøde, har besøgt en grundtvigsk højskole og er forlovet med en karl fra Løvel. Det tilføjes, at hun ikke står i andet forhold til væversvenden, end at de begge i lige grad har været modtagelige for den giftige sæd, der udsås af venstrelederne og deres blade. Efter bladets mening er det nemlig det politiske kævl og dets omtale i bladene, der har fået de to medsammensvorne på de tanker "at begå denne nederdrægtige handling". De undgik da heller ikke deres retfærdige straf. For den mest forbryderiske, væversvenden, 6 måneder, for løvelpigen, 4 måneders simpelt fængsel med tillæg af sagens omkostninger. Også de blev puttet ind i Viborgs lille nysselige arrest. "Pigen fra Løvel" indsattes i den celle, som Chr. Ravn dagen i forvejen havde forladt.

Alt dette var dog småting imod den såkaldte "Holstebroaffære", der havde ingen ringere end selve landdemokratiets forgudede leder og høvding Christen Berg til midtfigur; thi denne sidste sag rejste ikke mindre end en landestorm, der kom til at svide i mange år til Estrups al forfatningspottende regimente og slog dybe revner i dets ravende sokkel.

Det var en smuk sommerdag, søndag den 16. juni 1885, at Christen Berg og et par andre politiske meningsfæller havde indfundet sig i Holstebro for der at holde en storpolitisk tale til den forsamlede mængde, i alt 3-4000 mennesker. Imens folketingsmand Hansen-Sir talte, og før Berg havde fået ordet, kom stedets politimester, en hr. Borup, anstigende og tog plads på tribunen, hvor han oven i købet lagde beslag på en anden mands, nemlig folketingsmand Harald Holms, stol. Berg vil ikke tale, så længe denne ukaldede øvrighedsperson befinder sig på tribunen. Da skrider et par af mødets ledere, den vestjyske bonde Peter Noes og værtshusholder Thomas Nielsen, hen til politimesterens stol og beder ham med høflige ord om at flytte sig. Den halsstarrige embedsmand ser uforstående ud i luften. Nu tager de to politiske dioskurer ham lempeligt ved armene og dajer ham ned ad trappen til almindelige dødelige.

Det blev til en politisk retssag, der holdt landet i ånde det næste halve år, indtil det endte med, at ikke alene Noes og Nielsen, hvis navne fra denne tid er sammenvoksede som et par siamesiske tvillinger, men også Christen Berg blev dømt til store fængselsstraffe hver især.

Berg indsattes søndag den 24. januar 1886 i Blegdammens Arrest i København for at afsone sine 6 måneder. Man harmedes på den gamle, allerede svagelige høvdings vegne, da ingen gennem forhørene kunne blive klog på, hvad hans store forbrydelse havde været. Der blev talt om, at han skulle have grebet sit rejsetæppe, slængt det over armen og sagt, at hvis politimesteren ikke fjernede sig, gik han - Berg - ned fra tribunen. Det var i de tider nok til at bringe sin mand i snatterhullet. Denne fængsling blev for øvrigt skæbnesvanger for Berg. En spirende sukkersyge fik under den lange indespærring kærkommen næring. Han vandt aldrig sit helbred mere, men døde efter få års forløb 1891.

Han fejrede sit sølvbryllup herinde i fængslet 22. maj 1886. Efter at han var kommet ud, blev der gjort en umådelig stads af ham. Folk kunne ikke blive trætte af at vise den forgudede fører deres hyldest. Ved sølvbrylluppet modtog han en folkegave på 45.000 kr., skrabet sammen hos 80.000 bidragydere. I denne - set fra samtidens synspunkt - så betydelige sum, har vi grundlaget for den senere så mægtige Berg'ske presse, der nu omspænder hele landet og altid har haft et ris i saltlagen til det frisind og dets talsmænd, som Christen Berg, mens han levede, tog sin tørn og sin fængselsstraf for.

Kommet ud af kachotten foretog han en agitationsrejse igennem landet, der lignede et sandt triumftog. I Kolding, hans gamle, trofaste vælgerkreds, samlede han den 2. august samme år 50.000 mennesker, formodentlig det største folkemøde, der nogen sinde er afholdt i Danmark.

Den 26. september var han nået til Himmelbjerget, hvor jeg var taget hen for at høre og se ham. Set ham havde jeg jo nok før. Jeg havde i København, da han kom hjem fra Holstebromødet, og der stod støvskyer af politiske rygter og pressekvalm ud fra ham, været blandt den store flok, der hentede ham på Københavns Banegård, spændte hestene fra hans vogn og kørte ham med hurraråbende meningsfæller som forspand til hans bopæl ved Frederiksholms Kanal, hvor han fra sin altan talte til os og sendte os hjem med værdig tak samt et leve for grundloven. Men det var den første gang her på Himmelbjerget, at jeg så Christen Berg ude i hans rette element, den fri natur blandt solbrændte jyske bønder. Jeg havde aldrig næret overdrevne forventninger til Bergs talegaver. Jeg var allerede dengang ligesom lidt bedre vant ved at have overværet Hørups veltalenhedsorgier under de store, københavnske grundlovsfester på Vodroffslund og Sommerlyst.

Min omgang med litteratur havde gjort mig kritisk over for ordets kunst både i skrift og tale, og Christen Berg, som senere hans politiske arvtager J. C. Christensen, var begge både som skribenter og talere blottet for stil og sprogynde, litterært set fortumlede barbarer, hvis tale kun var for de groveste, mest ukultiverede ører.

Det bekræftede sig også her på Himmelbjerget. Hvis man ville foretage en sammenligning mellem de to personligheder, begge høvdingeskikkelser, begge repræsenterende hver sit lands folkelige kultur, og begge, om end til forskellig tid, talere her på Himmelbjerget, jeg sigter til Bjørnstjerne Bjørnson og Christen Berg - da ville man ikke være længe om at opdage den umådelige afstand, der var imellem deres talerkunst.

Der er engang af dr. Pingel blevet brugt det billede om
Georg Brandes, der ved en eller anden lejlighed befandt
sig mellem en række danske politikere, at hans optræden i
deres lag var, som havde man sluppet en gazelle ind mel-
lem gedebukke. Berg var som politisk taler mere i slægt
med gedebukken end med gazellen. Hans ord var dog
båret af en vis afrundet lyrisk svada, der af det uskolede
øre toges for veltalenhed. Men der var ikke et eneste nyt
eller skønhedsbåret udtryk, der hagede sig fast eller rigtig
bed igennem. Men af de lysende øjne, der funklede ham i
møde rundt om hans talerstol, så man, at han talte på
manges vegne, at han besad en endeløs garde, der havde
valgt ham til styrer igennem de politiske brændinger. De
troede på ham til hans dages ende, de tog parolen fra hans
mund; derhen, hvor han pegede, ville de gå gennem fri-
sind, så længe han selv var frisindet, gennem sort reakti-
on, når han eller arvtagerne satte den fløjte for munden. -
Men jeg er alligevel glad ved, at jeg hin sommerdag så og
hørte Christen Berg, mens tid var. Selv om jeg ikke min-
des en stavelse af det, han sagde, så kan jeg ikke glemme
det varme blik, der fulgte det håndtryk, som han efter
talens slutning uddelte så rigt og kongeligt til brave me-
ningsfæller, der havde slået en vennekreds omkring ham
og i politik havde knyttet deres skæbne sammen med den-
ne kraftige, voluminøse mand, hvis briller funklede i ned-
gangssolens stråler, mens han løftede sin høje hat og ud-
bragte et trefoldigt leve for den sønderlemmede, politiske
frihed.

Sådan, som jeg i det foregående har skildret det, var
baggrunden for den begivenhed i mit liv, som datidspres-
sen straks døbte "Revolutionen i Fly", og som holdt min
hjemegn i ånde i et fjerdingår, hvor provisoriets løftepara-
graffer om klækkelige bøder og fængselsstraffe truede
enhver mand, der havde haft den ringeste forbindelse med

min mistænkelige person eller stået mig bi under mine formodede statsomvæltende forsætter.

Den 17. januar 1887 læstes følgende lokalnyhed i det stokkonservative Viborg Stiftstidende, der var estrup'ernes livorgan på min hjemegn: "Efter hvad vi erfare, er der i disse dage af politimesteren i Fjends-Nørlyng Herreder indledet undersøgelse imod en tyveårig person derfra jurisdiktionen, som med støtte af Venstres ledende mænd der i egnen har holdt flere foredrag, der af tilhørerne er opfattede som revolutionære og gudsbespottelige." - Den ikke navngivne person er mig. Sikkert første gang min færd har givet anledning til omtale i dagspressen. Jeg skulle jo endda senere komme til at beskæftige den en del. Den anførte politiske nyhed røber sig ved sin knudrede protokolstil som en fersk bid, der er bragt bladet af selve min egen plumpe og inkvisitoriske forhørsdommer van Wylich, der var det estrupske regimentes trofaste pladshund der på stedet, som skulle værge jurisdiktionen mod revolutionens Hydra, som nylig havde behandlet både Ravns og Løvelpigens majestætsfornærmelser med så lykkeligt et udfald, og som inden længe for alle de smukke, politiske tjenester, han havde gjort det forfatningsbrydende regimente, forfremmedes til straffedommer på Frederiksberg. Her fik han med så hårde halse at gøre som hin værtshusholder Schick, der var stærkt mistænkt for Lampevejsmordet, men hvis frækhed og robuste optræden kunne hamle op med forhørsdommerens egen.

Forinden jeg nu går over til at udrede den affære, der i en afgjort grad kom til at præge min karakter i disse ungdomsår, vil jeg anføre nogle linjer af et brev til Marie Bregendahl, der er skrevet midt inde i begivenhedernes hvirvel og giver et samlet overblik over de mange enkeltheder, som jeg nu efter 40 års forløb ikke ville kunne gøre rede for, hvis jeg ikke havde haft slige skriftlige dokumenter at støtte mig til. Til hende, som på det tidspunkt opholder sig på Vrigsted Højskole, skriver jeg den 15. januar 1887: "Nu skal du høre! Jeg holdt i jul et foredrag ude hos Niels Kjeldberg på Tværagre i Fly, der gik ud på at vise hvor megen skik, skinhellighed og vanegængeri, der klæbede ved kristendommen og den kirkelige forkyndelse. Jeg skildrede, hvorledes kristendommen på denne egn hidtil havde rettet sig efter årstiderne, således at man var meget religiøs om vinteren, i den tid man havde mindst at bestille, og det beviste jeg ved at gøre opmærksom på, at i den tid gik man til alters sine reglementerede to gange om året (forår og efterår), i den tid gik man flittigere i kirke, læste flittigere i sine postiller og andagtsbøger, sang flittigere salmer og glemte i den tid sjældnere sin aften- og morgenbøn. - Det var vanen, der trådte i trangens sted. - Jeg gik videre og skildrede, hvorledes det argeste humbug havde vidst at snige sig ind i kirken, så ordets forkyndelse derinde druknede i forargeligt skinvæsen, i bønneremseri og skuespilagtig kniksen og knælen. Kirken var kun en høkerforretning, hvor man købte kristendom i pundevis, som man køber rosiner i kræmmerhuse. Til slutning sagde jeg: "Jeg tror ikke det vil blive til noget rigtig godt med kristendommen og menighedslivet her i Danmark, forinden vi får disse firkantede katolske skuespilhuse jævnede med jorden og jævne, simple bygninger opført i deres sted; jævne skal de være, fordi kristendommens lære er et jævnt og simpelt ord." –

Hele foredraget gik som sagt ud på at slå det forargelige hykleri til gulvs, der trivedes i den danske folkekirke, og som stødte så mange gode kræfter fra sig over i fritænkernes lejr.

Og ved du så hvad? Nu stod jeg i går for Fjends-Nørlyngs Herredsret anklaget for forargelig gudsbespottelse og hån mod det hellige, tillige for at ville rive kirkerne ned, for at ville rive kjolen af præsterne, for at kalde dem skuespillere, for at have bespottet nadveren og det hellige kors, for at have sagt, at præsterne stod og skrålede og råbte som gale mennesker; i det hele taget for at ville gøre grin med Gud og kirken. - Desuden var jeg anklaget for at have præket oprør og revolution, ophidset folk mod kongedømmet, for at have anbefalet folk at bære sig ad her som i Frankrig under revolutionen i 1789, desuden anklaget for at have kaldt visse folk for spioner - for at have benyttet Fly Skole uden tilladelse osv., osv. Så dersom jeg var skyldig i det alt sammen, kunne der være grund til at tro, at jeg ikke kom på fri fod mere. Heldigvis er det nu løgn fra ende til anden. Det beviste jeg van Wylich (herredsfogden) i går."

Sagens forhistorie ser således ud (nu støtter jeg mig hele tiden til den udskrift af forhørsprotokollen, som er i min besiddelse): I november-december 1886 havde jeg brugt nogle lørdag aftner til at fortælle egnens folk noget om fortiden. Det, jeg fortalte, var væsentlig uddrag af Cantus' Verdenshistorie. Møderne afholdtes i Fly Skole, der var blevet mig overladt - ikke uden megen ængstelse fra lærer Jakobsens side.

Som det ungdommelige brushoved, jeg var, var jeg dengang tilbøjelig til at se en fej og karakterløs bangebuks i min tidligere så elskede lærer. Nu kan jeg meget godt forstå, at Jakobsens nervøsitet og ængstelse var fuldt berettiget. Jakobsen var meget lidt politisk interesseret, i hvert fald ikke så meget, at han skulle tage noget stød på det. Hans højeste ønske var at leve i fred og god forståelse med alt og alle, og her trængte nu denne unge revolutionære og fanatiske partimand ind på ham og ville tage ham til indtægt for sin sag, i det mindste drage ham ind i ting, som han ikke kunne overskue. Han havde holdt så urimeligt meget af den knægt, og gjort flere ofre for ham. Han havde svært ved at sige nej til hans ønsker den dag i dag. Også hans begæring om at få skolen overladt til foredragslokale havde han nølende givet sit ja til, men det skaffede ham adskillige urolige nætter. Regeringen var overalt stærkt ude efter landets skolelærere, når de havde røbet den mindste sympati for Venstres sag. Ravn var nylig smidt ud af embedet, og han var langtfra den eneste, der var blevet ramt af Estrups eller Scavenius' straffende arm. Jeg havde let ved at være kry. For mig var politik jo en sport og en ungdommelig glæde, og jeg havde ingen familie at skulle forsørge og intet levebrød at ængstes for. - Disse møder vakte megen opmærksomhed. Skolens lokaler var som oftest fyldt til sidste plads, mest af en nysgerrig ungdom, der fandt at det hele var sjovt. Min dristighed tiltog med tilslutningen, så jeg lod bekendtgøre, at efter de første almindelige foredrag ville jeg nu tale om Den Franske Revolution. Vel føjede jeg til, at det var den af 1789, men alene ordet revolution havde en så lokkende og odiøs klang, at det i disse politiske, til kogepunktet ophidsede tider var nok til overspændte forventninger om noget gyseligt spændende og eventyrligt.

Denne foredragsserie var ansat til at begynde den 4. december 1886. Lærer Jakobsen havde, forinden jeg tog fat, holdt et bibelhistorisk foredrag, formodentlig for at gyde olie på vandene, og da jeg kom op på katederet, erklærede jeg, at egentlig havde det været min hensigt i aften at tale om "politik", men da jeg havde lagt mærke til, at her var spioner til stede, ville jeg straks gå over til mit emne "Den Franske Revolution". Med spionbeskyldningen sigtedes der specielt til to ældre mænd fra sognet, som jeg aldrig hidtil havde set under mine foredrag. Den ene hed Niels Petersen og den anden var min og lærer Jakobsens gamle arvefjende, den tidligere omtalte Anders Knudsen, der var sendt herhen af præsten Andreas Winding, som selv var for fej til at vise sig åbenlyst, men som var den skjulte leder og angiver, mens denne sag stod på, der lå inde i sit muldvarpemørke og trak i de spegede tråde.

Mine foredrag over den franske historie var så harmløse og velfunderede, at de umulig i sig selv kunne have dannet et grundlag for en retsforfølgning, hvis ikke tiderne havde været så abnormt betændte, og der - takket være min ungdommelige fremfusenhed - var kommet noget andet til, nemlig hint i brevet omtalte 2. juledagsmøde hos husmand Niels Andersen Kjeldbjerg på Fly Nørremark.

Det var et par livlige og opvakte ægtefolk, der havde besøgt mine møder sommeren forud hos Per Odgaard og nu havde inviteret ham og mig til at afholde et lignende møde hos dem, der altid kunne være ligeså godt, mente konen, som de mange tossede julegilder, hvor folk bare åd og drak til overmål.

Niels Kjeldbjergs hjem lå meget afsides, så der var kun mødt 15-20 mennesker, men også her havde fjenden sine spioner, der var uundgåelige i disse tider. Det var en nabo ved navn Christian Melgaard, en tidligere møllersvend, hvorfor han af folkevittigheden, også måske af andre melede grunde, kaldtes Christian Mel og Gryn. Han var en svagt begavet mand, men da viljen var god nok, kunne han altid løbe med sladderposen til Anders Knudsen, der igen lod gå videre til præsten.

Mit foredrag havde væsentlig det indhold, der er anført i brevet til Marie Bregendahl; dog husker jeg nøje, at jeg som slutningseffekt fremdrog en passus af Morten Luthers huspostil, hvor reformatoren et sted gør et drabeligt udfald mod hans tids gudshuse, og som triumferer i denne trumf, som end ikke jeg kunne stikke: "Nu ved jeg, hvorfor den gode Gud fortrinsvis lader sin lynild ramme den katolske kirkes huse og tårne. Det er fordi, han hader disse huse fremfor andre her i verden."

Trods alt, hvad jeg under det senere forhør anstrengte mig for at få disse Luthers ord optaget i forhørsprotokollen, var det mig ikke muligt. Hver gang jeg nævnede dem, så forhørsdommeren åndsfraværende ud ad vinduet og skred straks til et nyt citat. Det var ikke for at høre udtalelser af Luther, man havde indstævnet mig for den høje ret.

Min sag begyndte den 13. januar 1887, men dagen gik med at afhøre en række vidner; deriblandt min hovedangiver Christian Melgaard, der fortalte vidt og bredt om mødet hos sin nabo Niels Kjeldbjerg, men dog mere om mine historiske foredrag i Fly Skole, hvoraf han kun havde hørt ét.

Af forhørene fremgår det, at det mere kom an på at ramme mine beskyttere lærer Jakobsen og Per Odgaard end mig, der jo kun var en grøn fusentast, mens Per Odgaard var anset for, og også i betydelig grad var sin egns fører og ledende ånd, hvis hjem var arnestedet også for den politiske uro og modstand mod provisorierne. Men Per Odgaard havde været for klog til at give sig nogen blottelse, hvorigennem han kunne rammes føleligt. Jeg var ikke i besiddelse af denne kløgt og havde inderst inde, som den ungdommelige hedspore jeg var, næppe på det tidspunkt haft noget imod at få et politisk martyrium at kokettere med. Det var jo kildrende for et ungt sind i den grad at blive midtpunkt for en hel egns og dens presses opmærksomhed. Men heller ikke datidens politiske reaktion fiskede efter hundestejler, men kunne den få en rigtig regulær politisk brasen til at bide på krogen, det ville den ikke have noget imod.

Selv kom jeg først for fredag den 14. januar og omtales nu i forhørsprotokollen som seminarieelev Jeppe Jensen.

Det var en frostklar vinterdag med let sne, at jeg efter Per Odgaards befordring kørte i åben vogn til Stoholm Station for at drage til Viborg og svare for mine gerninger. Lærer Jakobsen var kommet vankende den lange vej fra Fly gennem sneen for at få sine ben op at age med os andre til stationen. Hestene løb godt til på den stivfrosne landevej. Morgensolen kastede de agendes og hestenes skygger langt ind over bakkernes gnistrende sne. Jeg følte mig mægtigt i mit es, skønt hjertet af og til hamrede i forventningens spænding. Per Odgaard så ligevægtig og fortrøstningsfuld ud. Lærer Jakobsen sad og frøs, dog ikke helt med de sædvanlige kuldegysninger, men inderst inde, fordi han var bange for denne stund. Man kunne jo aldrig vide; - man havde jo hørt så meget. De gjorde jo, hvad de ville. Han var jo en farlig striks mand, den Scavenius, og hvad var en sølle skolelærer? -

Og egnen var fuld af rygter om min sag, og alle blev de båret til lærer Jakobsen. I flere nætter havde han knapt fået søvn i sine øjne.

Jeg boede dengang hos Per Odgaard, hvor ingen vovede at komme med sladder, men Jakobsen boede i begivenhedernes centrum, midt i Fly By, der kogte som en kedel, nu da det halve sogn var tilsagt som vidner i min sag for den strenge dommer van Wylichs skranke.

Lærer Jakobsen vidste at fortælle om begivenhedernes muldvarpearbejde. Pastor Winding havde privat været hos sin politiske meningsfælle, herredsfogden, og lagt ham på sinde at give "den unge fyr" - det var mig - en gavnlig forskrækkelse. Det var slet ikke udelukket, at jeg kunne komme i tugthuset. Sådan sagde i hvert fald rygterne, og de summede rundt i Jakobsens skikkelige hoved som fluer i et ølkrus.

Og nu var vi på vej til forhøret, til dommeren, til arresten! Gud ved, om han så kone og børn mere i dette liv? Klare tårer stod i hans blå, bekymrede øjne.

Jeg blev grebet af mit sædvanlige overmod og stemte i med en sang af Bj. Bjørnson fra Morten Eskesens Sangbog: "Løft dit hoved du raske gut!" Jeg sang med lys og gennemtrængende røst ud i den klare og soltindrende vintermorgen. Bakkerne og de forbiglidende lave og snepudrede bøndergårde gav genlyd af min ungdommelige sang, der fyldte hele landskabet, fyldte vognen, fyldte også Jakobsens bryst. Det var jo ham, den rare rødskæggede forsagte mand her ved min side, der havde lært mig sangen.

Uvilkårlig glemte han sin ængstelse, og gav sig til at skråle med i de høje toner, og Per Odgaard, der ikke havde tone skabt i livet, sad og skratlo, så vi alle fik mod og varme og kom stort oprømte ind i toget ad Viborg til.

Der forefaldt heller ikke her for retten denne gang noget særligt mærkværdigt, udover at jeg fik en farlig tordentale af den strenge forhørsdommer, som lige fra begyndelsen behandlede mig med udsøgt overlegenhed, brugte udtryk som "en grøn dreng", der ville belære andre, hvor jeg selv i høj grad trængte til belæring. Jeg var kæphøj, ja vel ligefrem næsvis. Det var mig næsten om at gøre at servere mine udtalelser i den skarpeste sauce, jeg kunne præstere. Her var ingen stikken under stol af nogen art. Jeg var ærlig og sandhedskærlig indtil det overmodige. Jeg lancerede mine politiske og religiøse grundsætninger lige op i synet af denne stokreaktionære forhørsdommer. Det var næsten som at kaste ham peber i øjnene. Han løb bag ved sin skranke som en tirret ulv. Han bandede højt og inderligt, han greb lineal eller penkniv fra skrivetøjet og for hen imod mig, som ville han sætte mig dem lige i synet. Han lod mig forblommet vide, hvilken mægtig mand han var, mens jeg kun var en ussel lus. Han kunne smide mig ned i sit dybeste fangehul og lade mig sidde der, til jeg lugtede. Jeg lod ham rase ud, passede selv på, at jeg ikke gik over stregen; men jeg tør nok sige, at jeg gik lige til den. Jeg skånede ham ikke for en eneste af mine trossætninger. Jeg antydede, at vi dog ikke endnu var i zarens Rusland. Der var vel endnu i det lille Danmark en ringe rest tilbage af ytringsfriheden, eller var det hele forsvundet med straffeprovisoriet? Jeg vidste det ikke. Jeg havde jo ikke stået for nogen skranke før. Der var ganske vist dem, der mente, at oppositionen ikke mere havde den ringeste ret, men at alt afhang af en forhørsdommers nåde.

Så ung jeg var, var jeg allerede skolet i den politiske debats finesser og tirrende stiletfægtning, og her stod jeg over for en juridisk buldog, der aldrig havde haft brug for andet end at vise tænder, hvis daglige forhørsmateriale var betlere og tyveknægte, der havde nappet et par umage sko. Her havde han pludselig for sig "en politisk grønskolling", der vovede at vise ham trods og slænge hån efter hans politiske meningsfæller og det midt i en sag, hvor min uret var så soleklar, hvor jeg aldrig i evighed kunne blive fri for at komme under de tænger og kneb, som det nye straffeprovisorium af 1885 havde lagt ved hans hånd. Havde jeg måske ikke gjort forsøg på "at ophidse klasse og dele af befolkningen til had og forbitrelse", snart mod det ene og snart mod det andet af det, jeg anså for værdigt til fald rundt om i Estrupiatets samfund! Jo, min syndeskyld var oplagt nok, og han kunne holde mig fast og kaste mig i arresten med den bedste samvittighed af verden. Men i dag ville han ikke gøre det. Jeg skulle endnu få lov til at angre og forvandle mig til et nyttigt ungt menneske for samfundet. Men det forlangte han, at jeg afholdt mig fra enhver befatning med politisk oplysning og agitation. Hørte han, at jeg herefter havde holdt et eneste politisk møde mere, så skulle jeg høre fra ham! Jeg svarede kækt igen: "Da tror jeg, at dommeren gør klogt i at beholde mig, mens De har mig." Han syntes at overhøre denne ytring og permitterede mig fra retten, og da heller ingen havde krummet et hår på lærer Jakobsens eller Per Odgaards hoveder, kørte i det mindste jeg hjem som triumfator.

Dagen efter, lørdag den 15. januar, holdt jeg, som om intet var hændt og intet var sagt, atter et møde i Fly Skole. Jeg havde jo intet som helst løfte givet herredsfogden.

Jeg var kraftig advaret af lærer Jakobsen, men jeg skulle ikke have nogen grime over ørerne. Mit møde i Fly Skole var desuden bekendtgjort før forhøret. Jeg mødte - og oplæste Hostrups "Soldaterløjer".

Der var ingen mangel på tilhørere. Der var de 40 mand, som lokalet kunne rumme.

Mandagen derefter, som var den 17. januar, havde herredsfogden sin gråhårede meningsfælle Anders Knudsen i retten, der skulle kramme ud af sladderposen, hvad han havde fået opsnuset. Han var ikke sen til at meddele dommeren, at jeg knap var kommet hjem, før jeg havde fortsat mine forbryderiske møder, som om intet var hændt, og som det lyder i forhørsprotokollen, "uagtet lærer Jakobsen tilkendegav ham, at både præsten og sognerådet havde pålagt ham (Jakobsen) at forbyde det, men han (Aakjær) svarede kun hertil, at det blev på hans eget ansvar, da han havde to vidner på, at sognerådets formand havde givet ham lov dertil; og skal han endogså have været fræk nok til at bekendtgøre, at han også næste lørdag ville holde et møde i Fly Skole".

Det var vel nok et oprør mod autoriteterne, som sagde sparto! Samme dag er jeg atter tilsagt til forhør, og nu er der til mig i en god mening.

Da jeg havde vedgået, at jeg uden hensyn til den velmente advarsel havde fortsat min foredragsrække, blev jeg af dommeren opvartet med en dundrende straffetale, før jeg stødtes ud i det yderste mørke, hvorpå der tilførtes protokollen følgende ord: "Da det på grund af den mod komparenten fremkomne mistanke om, at han har drevet spot med den her i landet bestående gudsdyrkelse, samt at han ved et politisk foredrag har søgt at ville ophidse til politisk oprør, fandtes nødvendigt under sagens nærmere undersøgelse at sikre komparentens tilstedeværelse, og at hindre ham i samkvem med andre, dekreteredes arrest på hans person, hvilket blev ham betydet."

Nu skulle jeg altså, så ung jeg var, føje denne erfaring til de øvrige: Hvorledes et dansk varetægtsfængsel i disse tider var beskaffen. Jeg blev da først efter alle kunstens regler "fesenteret", som den jyske bonde siger. Jeg måtte tømme mine lommers indhold på skranken; mine få lommeskillinger blev talt op, og sammen med min lommekniv, blyant, papir og hver en løstsiddende genstand, taget under rettens segl.

Så gik marchen med en kraftig betjent ved min arm ud af en sidedør ned gennem hæslige, fugtige gange, hvor der krøb tudser og padder, indtil vi omsider nåede en celle, hvor jeg skulle have min plads. Ingen sagde mig hvor længe.

For døren var der en hængelås af mægtige dimensioner. Jeg blev skubbet ind, døren knaldede i med et stort rutinemæssigt brag, den mægtige nøgle drejet tre gange rundt i låsen. Jeg var i fængsel, og kunne nu rolig hengive mig til mine egne betragtninger.

Det første, man fik øje på, når man kom ind, var det på pap opklæbede fængselsreglement, hvis mange paragraffer lovede prygl og rotting for den mindste forseelse. Datidens fængsler var utrolig svinske. Varetægtsarresten gjorde ingen undtagelse. Det grå cementgulv havde næppe nogen sinde kendt vand. Det fejedes hver morgen af arrestanten selv, så der rejste sig en kvælende støvsky, der ikke ophørte med at lejre sig på ens hoved, ens tøj, ens åndedrætsorganer før henimod middag.

En hæslig stank fra gangen og alle de skidne celler og deres lusede fattigdom lå med sin blytyngsel hen over det hele, både når man vågede, og når man sov. På grund af den stillestående tørre og urene luft, der fattedes ethvert gennemtræk, blev man bestandig tørstig, men man havde ikke anden adgang til væde end vandet i den smule vandkande, hvoraf man vaskede sig. Jeg måtte for ikke ganske at svælte hyppigt drikke af mit vaskevand, så jeg ofte kun havde et par håndfulde at vaske mig i. Ens spiseredskaber blev aldrig gjort rene. En afskyelig hornske, der havde sin plads på væggen bag et rustent gasrør, sad endnu med tykke lag af gammel mad på sig fra de munde, den havde været i før min. Jeg måtte skrabe det af med neglene, så godt jeg kunne, min kniv havde man jo taget fra mig.

I den stil var det hele. Man kunne næsten drømme sig tilbage til Blåtårnsfangen, kongedatteren Leonora Christinas fængsel i sit Jammersminde.

Det var især et broget billede, der viste sig for en i den tidlige morgen, når der med en stok eller en anden hård genstand blev banket brutalt på ens dør, og man skulle stå op over hele linjen. Så skulle alle fangerne uden undtagelse bære deres potter ned i gården; også et hæsligt stinkende rum, fyldt af nødtørftshuse til alle kanter. Alle de andre fanger var mest tyveknægte eller forhærdede gamle betlere, der sad og sonede "brøden" ved vand og brød. De stimede nu omkring mig i deres usle pjalter. Det gjaldt jo om i den korte tid, da de tunge døre havde åbnet sig for dem, at snappe en eller anden nyhed; lidt at leve på resten af døgnet. De skulle jo også have at vide, hvad jeg var for en fisk; hvad jeg havde stjålet eller forbrudt mig med.

De var fulde af måbende forbavselse, når jeg antydede min metier i forbryderfaget. De troede øjensynligt, jeg gjorde løjer med dem. Politik var ikke noget, der forekom i deres praksis. Jeg tror nærmest, de havde ondt af mig. En dag var der én, der snappede potten fra mig og løb ud og tømte den for mig. Jeg havde ikke så meget som en bid skrå at kunne give ham til tak. En anden stor, skægget mand, der skulle sone ikke så lidt tyveri, tilbød mig uden vederlag, naturligvis i forståelse med opsynet, at klatre op på en høj stige og vaske mit fængselsvindue; ellers skulle jeg selv have gjort det, hvad jeg ikke havde meget begreb om.

Jeg havde det indtryk, at de stakler, der sad herinde, var fuldt så brave mennesker, til trods for deres små forsyndelser, som dem, der færdedes udenfor i friheden. De brændte efter at gøre hinanden småtjenester, før den frygtelige fængselsdør atter knaldede i på deres hæle.

Kosten var overordentlig sløj. Grundlaget var tørt brød. 1,50 pund pr. mand. Man spiste brødet med en hunds appetit og var lige sulten. En dag, mens jeg var i gården, og min celledør stod åben, var en lang pjaltet tyvedreng gået ind og havde hugget alt mit brød og spist det som en lækkerbisken på én gang. Så sultede jeg den dag, skønt skylden dog ikke var min, men mit opsyns. Så snart dørene atter var stængede, begyndte den fra alle fængsler så kendte, løndomsfulde banken ligesom tusinde små hammerslag eller et dødningeurs dystre og taktfaste tik-tak. Det var forbrydersprogets kodeskrift, til hvilket jeg desværre ikke havde nøglen, hvorfor jeg måtte lade gå hus forbi. Det kunne jo ellers have været en behagelig adspredelse i ensomheden.

Til højre for mig sad til afsoning en ung, kvindelig tyv, som altid sang de tungsindigste sange. Det var mærkværdigt nok ikke forbudt. Ordene kunne jeg ikke fatte gennem væggen, men den over ethvert begreb tungsindige melodi, der lød næsten ustandselig nat og dag, lå i mit øre længe efter, at jeg var kommet løs. Jeg kunne dengang have gengivet hver takt i den. Nu har jeg naturligvis glemt den.

Det tænker de frie vel næppe på, hvilken grænseløs psykisk lidelse en sådan indespærring rummer, især for det unge flagrelystne sind; og så er straffen, afsoningen, sikkert for intet at regne imod varetægtsfængslet. Selve afsoningen har sin begrænsning. Den dømte ved, hvor længe han skal sidde, og hvornår frihedens dør atter vil åbne sig for ham. Men varetægtsarrestanten sidder på det frygtelig uvisse, i mit tilfælde som genstand for en hadesyg og bøddelagtig forhørsdommers slette lune og forgodtbefindende. "Jeg kan satan gale mig lade Dem sidde til De rådner," var en af hans yndlingstrusler. "Jeg skal vise Dem, at jeg har midler i min hånd til at lære Dem lydighed." Han undså sig ikke for at hentyde til sit fængselsreglement og de i enhver af paragrafferne forespejlede rottingslag. Van Wylich var en inkvisitionsdommer af reneste vand. Det viste han den allerførste dag, jeg stod over for ham, den 14. januar 1887.

Lærer Niels Jakobsen og jeg blev kaldt ind for skranken omtrent på samme tid. Men jeg var knap kommet over tærsklen, før han ordrede betjenten til at tage mig ved kraven og slæbe mig ind i et rum ved siden af. Jeg havde lige i døren tid til at vende mig om og betragte min gamle lærer, der nu stod på tærsklen af forhørslokalet. Jeg har aldrig siden kunnet glemme det ansigt, så fuldt af sønderknuselse, af angst og ve. Jeg havde så ondt af Jakobsen, som jeg jo på en vis havde ført ind i alt dette. Men slige ansigter ser man kun på middelalderlige kunstneres dommedagsbilleder, hvor synderne træder ind til den evige dom. Men forhørsdommerens trick, med at lade mig føre ud på så hånende en måde lige for min gamle lærers øjne, var sikkert vel gennemtænkt og forfejlede heller ikke sin virkning på lærer Jakobsen. Jeg tog enhver brutalitet som en selvfølge. Jeg sad i det iskolde rum uden kakkelovn i januar måneds frost i hele to timer, inden døren atter åbnedes, og jeg stilledes for skranken, mens mine kæber rystede, ikke af angst, men af de ti-femten graders kulde i pulterkammeret.

Min tid i cellen hengik ikke unyttet. Jeg har aldrig kunnet være ubeskæftiget, men her blev der ikke budt mig det mindste for mine hænder, så jeg måtte se at give tanken noget at bestille. Jeg gav mig til at forme vers, men jeg har altid været en klodrian til at huske mine egne vers. Jeg prøvede at overtale mit opsyn til at overlade mig lidt papir og en blyant. Han turde ikke. Jeg overhæflede forhørsdommeren, når han havde mig for sig, men det skete sjældent. Han havde øjensynligt besluttet sig til at gøre mig mør, ved at lade som om han havde glemt mig. Sådan kom jeg først på slutningen af min arrestanttid i besiddelse af et par usle lapper papir, ikke stort større end spillekort. De er endnu i min besiddelse og bærer stemplet "Fjends-Nørlyng Herredskontor".

 Nu kunne jeg da tegne nogle vers ned, men da det par lapper var rakt mig med den største vrangvilje, og jeg overhovedet nødig modtog gunstbevisninger af van Wylich, søgte jeg at lede min ånd ind på andre baner, for ikke at forgå i ubeskæftiget livslede; thi det er med fangen som med tamanden på den frosne mergelgrav: Den må altid være i bevægelse med svømmefødderne, ellers vil isen lukke sig om den og fryse den til døde.

 Af de vers, jeg skrev i mit fangebur, mens februar måneds frosthimmel stod i køligt stængende blåhed højt over mit fængselsvindue, der lignede en staldrude, skal kun anføres dette (fra 1.febr. 1887):

> Slip mig fængsel, jeg er så ung,
> jeg hader din kolde mur;
> din kvalme luft gør mit hoved så tung
> og slapper min frie natur.
>
> Min brøde bliver jeg aldrig bevidst.
> Jeg talte i sandhedens navn,
> og det vil jeg gøre, til Herren tilsidst
> mig leder ind i dens havn!
>
> Solen skinner på fattigst tag
> og glæder selv ringeste sind,
> men aldrig, aldrig den lange dag,
> der når en stråle herind.

Vinden suser for hvermands dør
og går over snefri vang,
men kun gennem rustne kakkelovnsrør
jeg hører dens vestemte sang.

Kragen flvver så fri omkring
og rapser fra én og hver,
men jeg, som gør ingen verdens ting,
mig stænger man inde her!

Hvor kan det vær' ret, hvor skal jeg forstå,
at dette er stedet for mig?
Jeg spurgte hver tanke, men ingen sa': jo,
hver eneste én sagde: nej:

Det må være rigtigt, trods dommerens jo,
mit hjerte det lyver ej,
og nu er der én ting jeg kan forstå:
Det fængsel er ikke for mig!

Så åbn dig da for mig, du skumle rum,
mig venter et elsket hjem,
hvor ingen skodder for glæden slår bom,
men alting lokker den frem.

Thi hvi skal jeg falme af sult og savn
og døje de bitreste kår,
når hele min higen står ikkun til gavn,
så godt som mit hjerte forstår!

- Nu sukker vinden igen så tung;
nu atter den sagtere slår.
- O nej, hvad skæbne den fik, der ung
indsattes i fængselsgård!

Der lå i min celle som i de andre fangers et Nyt Testamente. Den bog havde jeg ikke haft i min hånd siden konfirmationsårene, da jeg hyppigt læste højt af den derhjemme for mine fromme forældre. Dens sorte, tilgrisede bind så just ikke indbydende ud, og plumpe tyvefingre, der havde været vædet i en grædende mund, stod rundt om med umiskendelige fingeraftryk på bladenes rand, hvor også nu og da et angersuk, et blyantskrads af sønderknuselse var at finde. Men jeg tog nu med begærlighed alle tungsindige sjæles som alle angrende synderes dulmemiddel i min hånd, ikke i mindste måde for at søge hverken himmerige eller helvede. Af vege troslængsler eller af ønsket om nogen art af omvendelse var jeg ikke berørt det ringeste gran. Men jeg var læselysten og lærelysten, og jeg ville have fordybet mig med lidenskab i Adolf Steens Algebra, hvori jeg fik tg til eksamen. Og jeg læste i det Ny Testamente fra den tidligste morgen, til en barbarisk hånd alt for tidligt uden at spørge om forlov slukkede mit elendige gasblus, der uden kuppel knurrede med sin blå flamme højt oppe over mit hoved.

Jeg havde læst de fire evangelier og alle Pauli Breve og ikke mindst Johannes' Åbenbaring flere gange og havde nu snart ikke anden udvej end at forsøge på at lære kapitel for kapitel på fingrene, som jeg havde gjort med Balles Lærebog; men så en dag gled fængselsdøren op, og en mild og venlig mand trådte over tærsklen. Jeg bød ham min eneste stol, og han blev længe hos mig. Det var fængselspræsten, den senere kendte provst Zeuthen, der i flere år var formand for Indre Mission. Jeg har senere i mit liv måttet være hård mod den Indre Mission, men her vil jeg bekende, at denne mand er den eneste præst, som jeg ved, jeg skylder noget. Han var i denne stund fuld af godhed og hjælpsomhed. Han mindede en del ved sit udseende om min egen skikkelige lærer Jakobsen. Jeg så ham aldrig mere, men jeg ser endnu hans blonde, godmodige ansigt

med de smilende træk, som han sad der lidt sammenbøjet
på min umalede træstol ved den tilsvinede fængselsvæg.
Han var det eneste menneske fra verden derude, som jeg
fik at se under hele min fængselstid. Da han gik, spurgte
han, om han kunne hjælpe mig med noget. Jeg var ikke
sen til at fremkomme med mit ønske: Det gamle Testa-
mente! Den herlige præstemand blev så glad. Det ønske
havde sikkert aldrig nogen fange udtalt for ham tidligere.
Knap en time efter lå den tunge bibel på mit bord, og nu
gav jeg van Wylich og alt hans "sorte fanden": Nu havde
jeg beskæftigelse nok for min ånd og tanke i umindelige
døgn.

Jeg sad så fordybet i Dommernes Bog, da befrielsens
time omsider slog, at jeg knap havde mærket den sidste
uges flugt over Viborg tage.

Det, der pinte mig mest derinde, var måske dog, at jeg
trods alle mine anstrengelser over for arrestforvarerens
hjælper, der var et bysbarn af mig, ikke kunne få at vide,
hvilket politisk parti, der havde sejret ved valget den 28.
januar. Den idiot, som jeg dog havde passet kreaturer
sammen med ved Karup Å, var så fæisk ængstelig for
herredsfogden og sin stilling, at han ikke ville meddele
mig det mindste hverken om dette eller noget andet fra
den verden, hvorfra jeg var udespærret ved en tommetyk
jerndør. Så man kan ikke sige, at jeg blev forkælet i mit
fængsel, men fik akkurat den samme konfekt som både
voldsforbryderne og indbrudstyvene omkring mig.

Jeg levede på tørt brød og en suppe, der var kogt på bar
kartoffel. For skams skyld var der dog lagt en lille bid kød
i suppen, som jeg kunne fiske op med fingrene. Gaffel og
kniv måtte nødig udleveres til fangerne. Der blev sagt, for
at de ikke skulle begå selvmord. Man fik en pægl kogt øl
til aften, et lignende kvantum kogt mælk til morgen, men
selv denne drik havde man fordærvet, i hvert fald for min
smag, ved at komme en teskefuld salt i den, hvad der

gjorde én ækel tørstig, så jeg ustandselig skulle drikke af mit vaskefad. Venstremændene blandt de brave Viborgborgere var flere gange hos min forhørsdommer for gennem ham at tilbyde mig mad fra deres køkken. De blev hånende afvist. Der var ingen grund til at forkæle den fyr!

Støvet lagde sig næsten tommetykt på mit tøj, da fængslet ikke kendte til børste, og fingrene måtte gøre det ud for redekam.

Under alt dette gled tiden, gled forholdsvis let, takket være pastor Zeuthens Gamle Testamente.

Van Wylich blev ved at kalde mine bysbørn i forhør. Per Odgaard og lærer Jakobsen flere gange. Det var en forfærdelig tid for denne gode mand.

Dengang forstod jeg det ikke, eller forstod det i hvert fald mangelfuldt. Nu forstår jeg det bedre. Jakobsen led tifold mere under denne sag end jeg. Han rettede sig aldrig efter dette slag. Han havde i virkeligheden fået et skud for boven. Hans før så muntre livsbåd var ramt under vandlinjen.

Den brutale forhørsdommer, der ikke var i stand til at kruse et hår på mit hoved, blev en livsskæbne for lærer Jakobsen, der var gjort af et anderledes blødt metal.

Han står på ny for van Wylichs skranke den 26. januar. Forhøret viser ham som den bare ynkelighed. Han følger enhver af van Wylichs bevægelser med en hunds frygtsomme øjne. Han lader denne udspekulerede jurist køre med sig og lægge sig de ord på tungen, som denne vil have frem til hans myndlings fordærv. Det var en alt andet end mandig præstation, den vidneførsel af min elskede lærer Jakobsen.

Den ubarmhjertige forhørsdommer, der føler sit offers afmagt, lader ham ikke slippe sig af hænde, før han har ydmyget ham for alle tider. Forhørsprotokollen over lærer Jakobsen slutter med de få, meget sigende ord: "Komparenten afgiver på anledning (den bekendelse), at han ønsker for fremtiden at holde sig borte fra al politik, og lovede han, at han ikke for sit vedkommende ville tåle sligt i skolen, da han erkender, at skolelærerne bør holde sig fra sligt og alene opfylde deres pligter som lærere."

Jakobsen havde fra den dag taget stemplet på sig som åndelig "tremarks-mand". Han gik aldrig til noget politisk, knap nok oplysende foredrag mere, brugte ikke sin stemme under de politiske valg, sås sjældent ved andre lejligheder end de kirkelige handlinger.

De to lyssky angivere, pastor Winding og Anders Knudsen, havde ved hjælp af van Wylichs inkvisitoriske retsforfølgning virkelig nået deres mål, at knække en ærlig ridder for den gode sag. Jakobsen vandrede efter denne dag omkring som en skygge. Al naturlig munterhed var forsvundet fra hans åsyn. Jeg så ham grumme lidt efter denne dag. Først henimod hans livs slutning fandt vi igen sammen i korte samtaler eller et enkelt brev i ny og næ, men denne hans nedværdigelsesperiode undgik vi omhyggeligt at røre ved.

Forholdet til det andet hovedvidne i min sag, nemlig Per Odgaard, stod prøven ud med bravur. Der var jo som tidligere nævnt kræfter i bevægelse for at komme Per Odgaard til livs, men det lykkedes ikke. Han var dem både for mandig og klog, og da det gik op for herredsfogden, at han måtte se at komme til en afgørelse med sagen, var Per Odgaard en af de første, der gik bud efter.

Da jeg havde siddet godt en 14 dage, og vidnerne havde tærsket langhalm på de samme to-tre møders indhold (et nyt politisk møde, som jeg den 10. januar 1887 havde afholdt hos Lars Pold i Kjeldbjerg, blev i sidste øjeblik sat på min forbryderliste), må der være sket noget, som jeg aldrig er blevet rigtig underrettet om; thi forhørsdommerens opførsel imod mig var nu pludselig farvet af en vis faderlighed. En blid fløjten om min ungdom og min fremtid, der ikke måtte plettes af noget lovbrud osv.

Der blev ymtet om, at der havde vist sig høg over høg. En af van Wylichs overordnede, stiftsamtmanden eller dennes stedfortræder i en ferietid, herredsfoged Fr. Bruhn, skulle have ladet den strenge herre forstå, at min unge person ikke skulle straffes for de petitesser, som forhørene havde bragt for lyset. Kort sagt, v. Wylich var i det kedelige tilfælde over for mig, at han måtte foretage en retræte. Det skulle se ud, som om det var lutter godhed og medlidenhed fra hans side. Han, den altforstående mand, min høje øvrighed, lod nåde gå for ret! Men jeg var ikke til sinds at kysse den nådigt fremstrakte hånd. Jeg var parat til at stå min tørn og lide for den gode sag.

Nu så det pludselig ikke så gunstig ud for dommeren, hvis han skulle efterkomme sin overordnedes ønske, som det næppe gik an at lade uænset. Herredsfogden hersede umådeligt med mig. Først i forhøret den 31. januar, senere i det afsluttende forhør 2. februar 1887, hvor Per Odgaard var kaldt til stede for at vedstå sit løfte om at være en slags garant for min tilstedeværelse, mens sagen stod på, hvis forhørsdommeren nu besluttede sig til at åbne arrestens porte for mig.

Der blev nu spillet en stor komedie her bag skranken. Herredsfogden følte, at han var nødt til at give slip på mig, men det gjaldt om forinden at få knægtet mig, som han havde knægtet min gamle lærer. Han lod mig endnu engang vide, hvor ædelt han optrådte imod mig, hvor sikker jeg var på min straf, hvis ikke hans nåderige hånd reddede mig. Jeg brød ind med ungdommelige tilråb, at jeg ikke havde bedt om hans skånsel. Hans gamle grovhed kom op i ham. Han kommanderede mig til at "holde bøtte" - som han udtrykte sig -. Han gik frem over gulvet som en løve og brummede til protokollen. Jeg slog hele hans diktat i smadder med at sige, at sådan havde jeg aldrig sagt. Jeg kaldte de par døve stokkemænd til vidne på, at det ikke var mine ord, dommeren ville tilføre protokollen. Der blev strøget, der blev bandet og dikteret det samme igen med en ringe nuance. Jeg var jo magtesløs, som enhver mand var magtesløs under den gamle retspleje, hvor en 20-årig knægt stod mutters ene uden ringeste sagførerhjælp ved sin side, imens hans fremtidsskæbne afgjordes inde på den anden side af en malet planke af en forhørsdommer, der var hans politiske modstander og hadede og foragtede enhver trævl og fiber i hans ungdommelige hjerte.

Min sag, der havde stået på i 17 døgn, fik da uden hensyn til mine protester denne afslutning: "Arrestanten var fremstillet og fastholder i alt sit tidligere, og bad han nu om, hvis det var muligt, at måtte slippe for tiltale og straf, idet han nu erklærer, at han så foreløbig vil afholde sig fra offentlige foredrag og i det hele taget vil være forsigtig for fremtiden. For retten var mødt gårdmand Peder Odgaard fra Tastum, som erklærede, at han ville indestå for arrestantens tilstedeblivelse, indtil sagen blev sluttet, samt at han ville gøre sin indflydelse gældende for at forhindre arrestanten i at optræde som foredragsholder, inden han havde erhvervet større modenhed.

Dommeren erklærede, at han på den betingelse ville demittere arrestanten og henstille til Amtet, om det var muligt, at tiltale kunne bortfalde i håb om at kunne blive til gavn for arrestantens fremtid. Arrestanten blev derefter relaxeret (løsladt) og han demitteret. Sagen sluttet til beskrivelse. Politiretten hævet. van Wylich."

For det tilfældes skyld, at en fremtidig forsker engang skulle falde over van Wylichs lidet soignerede forhørsprotokol, erklærer jeg herved med mit æresord og den stærkeste protest, jeg er rådig over, at det fra ende til anden er den usandfærdigste fremstilling, der gives kan af det, der hændte for Viborg Ret hin 2. februar 1887.

Blottet for sandhed er de ord, som dommeren lægger mig i munden for at dække sin egen retræte. De er ikke mindre forskruede og usandfærdige de ord, han lægger Per Odgaard på læben. Så meget husker jeg mig selv fra den tid i mit ungdommelige overmod, at havde Per Odgaard her foran skranken i min nærværelse givet løfte om at optræde som min åndelige formynder, ja, da havde jeg forladt hans hjem med det samme og aldrig vist mig der mere, og intet i min senere færd berettiger til at tro, at jeg har afgivet løfter af den art til nogen side.

Hvilke perspektiver byder ikke denne løsagtige omgang med mands ord den historisk interesserede! Vil man ikke være tilbøjelig til at spørge: Er alle forhørsprotokoller under den gamle retspleje ikke forvanskede? Har f.eks. hekseprocessernes ofre nogen sinde fået anden "bekendelse" bragt på papiret end den, der behagede den ukontrollerede dommer og hans hjælpere?

Jeg var næppe kommet tilbage til Fjends Herred, før jeg begyndte det samme liv, som jeg var revet fra ved lovens barske hånd, samlede ungdommen overalt, hvor den ville mødes med mig og holdt historiske foredrag og politiske møder værre end nogen sinde. Ja, ikke nok dermed, men for ligesom rigtig at vise van Wylich, hvor lidt jeg frygtede ham, skrev jeg spaltelange artikler i de lokale blade, hvor jeg fremdrog eksempler på hans grovhed og hans uforskammede forhørsmetode og sendte ham tilmed artiklerne ind ad døren. Thi der skulle være klart spil. Jeg havde ikke haft noget at stikke under stolen.

Denne retsaffære gav mig en tiltrængt og gavnlig lektion i menneskekundskab. Jeg havde hidtil aldrig truffet mennesker af van Wylichs type, havde i min blåøjede sangvinitet næppe villet tro, at de var til. Også min opfattelse af mine nærmeste omgivelser, mine bysbørn og tidligere omgangsfæller, havde med et forandret karakter. De fleste i mit fødesogn, det gjaldt især de ældre, havde anlagt en yderst fjendtlig maske over for mig, og det samme ansigt bærer Fly og dets omgivelser hovedsageligt den dag i dag.

Jeg har i sandhed måttet erkende det gamle ord, at ingen profet er agtet i sit fædreland. Den dag i dag er der grumme lidt, der tyder på, at mine bysbørn aner min eksistens.

Det er en besynderlig følelse at slippe ud af et fængsel efter 17 dages indespærring. Den, som ikke har prøvet det, vil have vanskelig ved at forstå det. Jeg havde den første dag en uimodståelig trang til at løse alle lænkehunde og alt det, der står og slider i sit bindsel.

Så snart jeg havde fået fængslets støv børstet af mit tøj hos den brave handskemager Th. Ditzel i Viborg, der dengang var Venstrepartiets første mand i sin by, og havde fået den ækle fængselsluft harket op af halsen, gik min første gang til min mor, der havde siddet i dybeste ængstelse for sin søn, som rygtet for længst havde hendømt til flere års forbedringshus. Og hun vidste ikke, hvad hun skulle tro. Hun syntes jo nok, at hun havde givet mig en skikkelig opdragelse ved sin spinderok, men al den politik - den forstod hun sig ikke på, og den kunne hun i hvert fald ikke have noget ansvar for, og hun var næsten ræd for at komme i kirke herefter, for der gik knap en søndag, hvor ikke mine handlinger var prædikentekst for pastor Winding, der brugte mig som et skræmsel og et afskum for de unge i menigheden, og det var ikke hyggeligt for en mor at sidde og høre på. Hun græd sine modige tårer til mig, og tog sig op til det indfaldne bryst, hvor "æ Wand vild rend fræ hinne hjat" som altid, når noget bevægede hende stærkt.

Kort efter traf jeg pastor Winding, der endnu stod i præstekjole i Fly Skolestue en søndag efter gudstjenestens slutning. Vi havde ikke set hinanden siden min første og sidste alterdag, da han havde lagt sin hånd velsignende på mit hoved, ligesom på syndebukken, før den sendtes ud i ørkenen. Nu stod jeg her over for ham i min unge harme. Jeg lod ham vide med de hvasseste ord, hvor jeg foragtede ham, hvor jeg anså ham for en fej og lyssky stymper, der havde søgt min undergang ad de mørkeste stier. Det må have været et mærkeligt syn at se denne knap udvoksede pog stå og slænge de salteste beskyldninger imod en mand i kjole og krave, der måtte tage det alt til sit gode nøje, bare klippe så underlig nervøst med øjnene og bide sig i sit judasskæg.

De andre af mine åbenbare eller skjulte fjender lod jeg være i fred, gav dem bare nu og da et hagl i avisen.

Løsnede dette fængselsophold således adskillige venskabsbånd, så knyttede det til gengæld også nogle nye. Her skal først og fremmest nævnes mejeristen Esper Andersen, Jebjerg, hvis godhed mod mig i disse første år og langt op i tiden simpelt hen er enestående.

Det var en vinterdag i 1887, at vi gjorde hinandens bekendtskab hos Per Odgaard. Esper var dengang en mand på 26-27 med et stort sort grundtvigianerskæg à la folkedigteren Mads Hansen og med en ukuelig tro til sin egen ungdommelige styrke og de bærende kræfter i livet.

Han overtalte mig til at tage med sig hjem med det samme. Vi satte os op i en af Per Odgaards store, skraldende arbejdsvogne, der skulle ad Skive til, og nåede Jebjerg Mejeri ud på aftenen.

Siden den dag har jeg haft en uslippelig ven. Dette hus, Esper Andersens hjem i Jebjerg, blev lidt efter lidt også mit hjem under min evig flagrende færd. Intet steds befandt jeg mig bedre. Intet steds groede tankerne og mine fremspirende fortællinger og vers så villigt og glade. Esper Andersen var, i al den tid han var i Jebjerg, ugift. Men hjemmet var fuldt af en frejdig og intelligent ungdom, der "rutted med glæden og håbets ord", der lod hverdagens arbejde forløbe under sang og klang. Jeg kunne overhovedet vanskeligt have fundet et bedre sted, en mere lysvågen kreds at færdes iblandt.

Gennemgående var det højskoleungdom, Esper Andersen samlede om sig, både dem han uddannede i sit mejeri og dem, der kom tilfældigt, fordi der altid var sådan et festligt liv hos Esper Andersen. Det gjaldt naturligvis her, som det gjaldt hos Per Odgaard, at nogen større åndsberigelse skyldte jeg ingen af dem. Jeg var bestandig den ydende i laget, holdt taler, skrev viser, drog godtfolk til huse; men hvilken sund og ypperlig baggrund for hele tilværelsen, og hvilken sangbund fandt jeg ikke her for de nye klange i min sjæl! Hertil kom, at Esper Andersen var en mand, der tjente penge, og han var ikke nøjeregnende. En tikroneseddel strakte jo langt i disse tider, og ikke nok med at Esper lod mig bo gratis i sit hjem, når som helst jeg lystede, men han stak også kontante småbeløb til mig, når det kneb, og det var utrolig, som det kneb i disse dage. Jeg levede bogstaveligt som himlens fugle, jeg såede ikke, jeg spandt ikke og sankede heller ikke i lade. Men gode, skjulte magter, ikke mindst Esper Andersen hjalp mig over enhver besværlighed.

Og Esper Andersen købte bøger, skønlitterære bøger af dags dato, ikke fordi han selv var så særlig litterær, snarere var han lidt æstetisk nyfigen. Det morede ham at have læst en radikal bog, før anmeldelsen stod i "Politiken". Også dette blad holdt han og havde holdt, fra dets første nummer kom i 1884.

Det var et fornøjeligt syn at træde ud af sin seng en vintermorgen og finde den altid morgenduelige mand stående i sin hvide mejeristdragt og med et stort smil i skægget, mens han på tre flødedryppende fingre vippede en ny bog af Kielland eller Henrik Pontoppidan foran ens næse.

Sådan satte denne brave mejerist mig i stand til at "følge med" i den moderne digtning, på et tidspunkt da jeg ikke selv havde råd til at købe bøger af nogen betydning, men måtte indskrænke mig til at låne og udskrive det, jeg havde brug for. Og jeg var en knop til at skrive ud. Jeg ejer endnu fra den tid Henrik Ibsens Digte (5. oplag, 1886), som 5 af mejeriets folk med Esper Andersen i spidsen

havde slået sig sammen om at forære mig til min fødselsdag den 10. september 1887. Hvor forstod folk dengang
kunsten at gøre hinanden glade ved små midler!

Mod dette gæstfrie hus længtes jeg altid, når jeg var væk
fra det. I et brev af 13. marts 1889 skriver jeg: --- "I må
tro jeg ofte har savnet jert muntre lag hernede i min gravstille ørken (dvs.: Elbæk) - Mindet om jeres muntre tale,
jeres unge sang, og jeres friske latter kan hvert øjeblik få
mit hjerte til at banke. - Jeg befandt mig så inderlig vel
derinde på mejeriet. Det var et sted for levedygtig ungdom.

Jeg husker, hvor det kunne gribe mig om hjertet, når jeg
kom hjem fra en udflugt og i afstand så den sorte røg vælte op af skorstenen på "Godthåb"; det var, som der tilråbtes én: "Godt mod!" Og kom man nærmere, hørte man en
utydelig larm, der var sammensat af stempelslag og pumpestød, af hjuls snurren og remmes ritschen, af træskotramp og spandeklirren. Men over denne forvirrede mylder af lyd og lydstumper hørtes centrifugens ensvedvarende humlebas. - Luften var som gennemvævet af lyd og
toner, der samlede sig til en drivende hymne, der lå i solskinnet over mejeriets tag - det travle arbejdes tusindtonige hymne! - Kom man endnu nærmere, skimtede man
gennem dampskyerne friske, svedige ansigter med smil i.
- Og varmere velkomst har jeg aldrig fået, end smilet i
disse svedige ansigter gav."

Her i Esper Andersens hjem læste jeg vel til en begyndelse mere, end jeg skrev. Siden blev det det sted, hvor
jeg fortrinsvis lagde sidste hånd på mine ungdomsværker,
og det helt op mod den tid, da jeg fik eget tag over hovedet.

Endnu i 1887 var mit hovedkvarter dog hos Per Odgaard. Vi bryggede på store planer i disse år. Det var endnu før Per Odgaard var blevet helt opslugt af sine endeløse industrielle foretagender. Hans virksomme ånd skulle altid have noget nyt at tumle med, og når vi sad med hinanden næsten som et par elskende, der havde så svært ved at undvære hinanden - sad i sommersolen på "Lyshøj", et højdedrag østligt i gårdens mark, hvorfra man kunne overskue det meste af Fjends Herred - så var en ny højskole, som vi ville rejse sammen, det, der hyppigst var genstand for vor samtale. Højskolen var jo tidens løsen i disse år. For Per Odgaard og mig var det i hvert fald det evige problem, som vi ikke kunne blive trætte af at drøfte.

Per Odgaard skulle yde den økonomiske støtte, jeg den åndelige og intellektuelle. Jeg kan egentlig ikke nu forstå, at sagen ikke kom videre. Per Odgaard havde ellers aldrig langt fra ønske til handling. I og for sig var der ikke noget urimeligt i tanken. Mange højskoler rundt om i landet var blevet til ad den vej, grundlagt af mænd, der ikke havde større uddannelse end jeg. Enkelte, som Søren Olsen, var hoppet lige fra en skomagerstol op på højskolens kateder og havde der gjort den bedste fyldest.

Kanske dog den kloge Per inderst inde havde næret nogen tvivl til mine evner som rigtig justeret højskolemand og folkeopdrager; især med min sidste kampagne i erindring og min ubeherskede radikalisme for øje. Foreløbig byggede vi vort højskoleslot kun på de drivende sommerskyer. Grunden, til at dette slot aldrig kom til at stå på Fjends Herreds knudrede ryg, kan også skyldes, at jeg dette efterår fandt lejlighed til at indskrive mig som elev på højskolen i Askov.

Mine erfaringer fra dette højskoleophold var ikke sådanne, at de skulle give mig lyst til at melde mig til tjeneste i højskolens gård. Hvad nu end grunden har været, så svandt også den luftspejling sammen med så mange andre for livets og nødvendighedens ubarmhjertige blæst. Men derfor lå jeg ikke ledig nogen stund. Jeg var denne sommer stærkt optaget af at gennemagitere Fjends Herred og Salling (for med Esper Andersen havde jeg også lagt denne landsdel ind under mit observationsfelt). Det gjaldt i disse år om at samle den radikale ungdom i de politiske ungdomsforeninger. Jeg oprettede flere af disse foreninger, der blev lagt ind under den øvrige organisation. De holdt af og til generalforsamling i hovedstaden, og jeg var et par gange sendt over til disse repræsentantmøder som delegeret - således også i sommeren 1887.

På vejen til København ville jeg aflægge min veninde Marie Bregendahl, der stadig opholdt sig på Vrigsted Højskole, et lille besøg. Vi havde korresponderet vidtløftigt om sagen. Nu mente jeg, at banen var klar. Marie skrev, at jeg var velkommen hos forstanderen hr. Maltesen og hans familie.

Jeg kom 3. pinsedag (dvs. 31. maj). Marie tog imod mig ved toget. Alt vel! - Men da jeg kom til højskolens dør, gik det mig, som det hedder i "Den jenarmed sældåt":

"Å da a kam så te den daer å- såh: Gusfrej herinn!
da wa dær ekke jen, så' tak; ekk jen dæ ku mæ kinn"

Jeg blev hverken budt vådt eller tørt; hvor jeg nærmede mig, så jeg bare demonstrative bagvendte rygstykker. - Marie og jeg gik ud i skovene, kom atter tilbage, men på så uheldig et tidspunkt, at al maden på de lange elevborde, der havde været dækkede til middag, var spist. I en lerskål på et af langbordene flød der en knokkel i et ubestemmeligt indhold, der sagdes at være sauce. Marie pegede lidt genert på knoklen; jeg havde intet spiseligt fået, siden jeg tog hjemmefra om morgenen; nu var det hen på eftermiddagen. Jeg forsøgte heltemodigt at uddrage næring af knoklen og lerskålens indhold. Det lykkedes ikke nævneværdigt. Jeg var indigneret på mine tarmes vegne. - Jeg havde aldrig før været på en højskole; havde nok hørt adskilligt om disse åndsanstalters store nøjsomhed, men dette overtraf dog alle mine forestillinger.

Jeg lagde meromrørte knokkel tilbage på sin skål med en sparsommelig bevægelse af min rystende hånd, mens jeg så op i Maries usikre øjne efter en forklaring. Der kom ingen. Ikke før næste morgen, da jeg var i færd med at forlade det ugæstmilde hus - (thi jeg havde også indbydelse til at blive der om natten; og hvor skulle jeg vel ligge, her hvor der ingen kro eller spisehus fandtes i miles omkreds?).-

Men næste morgen altså - da kom forklaringen - af forstander Maltesens egen skæggede mund med al ønsket tydelighed.

Jeg havde jo nok lagt mærke til, begyndte forstanderen med rystende kindbakker, at jeg ikke havde været videre velkommen der i hjemmet?

Jo tak, jeg havde næsten fået en lille anelse om det.

Så kom der en historie om nogle breve, som jeg havde skrevet til min veninde Marie Bregendahl, og som hun på kvindevis havde ladet ligge og flyde i en åben skuffe. Her havde forstanderens søde datter - på alder med Marie - nappet dem, læst dem med megen opmærksomhed ét for ét, og da hun mente, det også ville interessere hendes gamle far, så meget mere som Vrigsted Højskole også var til drøftelse i brevene, havde hun båret dem til ham. Bl.a. havde jeg deri bestridt skolens kompetence til at være den rette fostermoder for min beundrede veninde - og hvad nu unge mennesker i deres evindelige frækhed finder på at skrive til hinanden.

Endnu efter 42 års forløb synes jeg at kunne føle den harmens rødme, der brændte mine kinder hin sommermorgen, hvor jeg måtte stå for en ubehersket mands vredesskylle, der var forårsaget ad så slibrige veje. -

Så kunne jeg rejse videre.

Ved et af disse ungdomsmøder i hovedstaden traf jeg - vistnok også i 1887 - en næsten jævnaldrende journalist, den senere kendte esbjergredaktør og folketingsmand Jens

Peter Sundbo, i hvem jeg erhvervede mig en fuldtro ven resten af livet.

Han var et landarbejderbarn fra kulsvieregnen, en glødende radikaler, der ligesom jeg selv med møje havde undgået tugthuset; thi han var stærkt med i agitationen for riffelforeningerne, og med Estrups spejdere i hælene drog han fra by til by for i smug at lokke til oprør. Han må have været kløgtigere i sin agitation end jeg, da han aldrig kom for nogen retsskranke, hvad han næppe kunne have stået sig ved. Vi sluttede dengang fostbroderskab, og han forblev alle dage en munter og utrættelig kampfælle, i hvem jeg aldrig fandt svig.

Ud på efteråret i 1887 fik jeg gennem Esper Andersen lejlighed til at gøre en billig rejse til Sønderjylland, hvor Esper havde mange venner og bekendte fra et Askovophold, så jeg også fik et indtryk af denne landsdel og dens befolkning.

Der gik dengang mange fedestude fra Salling sydpå, jeg tror til Hamborg. Sådan et langt studetog skulle altid have et par kreaturpassere med sig, og det var nu ved denne lejlighed blevet Esper og mig. Vi var jo et par gamle hyrdedrenge begge to, der nok skulle kunne tage os af nogle hundrede studes opdragelse, og skønt det var det frygteligste bumletog, og pladsen kun et bræt ved kreaturerne, syntes vi, at det var evigt sjovt at få en gratis rejse helt til Sønderjylland, og med undtagelse af, at man frøs, så det knagede, gik det alt sammen meget godt.

Jeg hilste på en del brave grundtvigianere i Sønderjylland, og på hjemturen var vi inde på Askov, dog havde ingen af os mod til at nærme os selve Dalai Lama, forstander Ludvig Schrøder. Vi holdt os ude i periferien på elevkamrene, hvor jeg blev fejret og beundret for mit afsluttede martyrium hos forhørsdommeren van Wylich.

En måneds tid efter vendte jeg tilbage til Askov som elev. Jeg havde fået et hundrede kroner i understøttelse.

Resten kom som brødet til Elias gennem himlens ravne, eller jeg ved ikke, hvor det kom fra. Per Odgaard og Esper Andersen har dog sikkert begge ydet deres bidrag. En lille tæreskilling kan også være blevet mig rakt af den mærkelige mand Ole Nygaard, morbror til Jens Byskov, i hvis følge jeg havde besøgt hans hjem fra Staby, allerede sommeren 1882; en omvankende afholdsapostel, som med tasken på lænd gik over det meste af Vestjylland for at udfordre "kong Alkohol" i modig holmgang. I midten af firserne var han nået hen til Per Odgaard, hvor han slog sig ned, mens han gennemagiterede egnen for sin sag. Han var et mærkeligt, lille menneske, slagter af profession, men i hele sin færd og væsen den dybeste modsætning til hvad man i almindelighed forstår ved en slagter. Han havde et par øjne så milde og blide som skovvioler. Ved det mindste rørende fyldtes de med tårer, og Vorherre skal vide, at han fik nok at græde over med disse øjne.

I disse år her hos Per Odgaard baksede Nygaard med en ugudelig smedesvend, et over alle måder fordrukkent individ, som han havde truffet i beruset tilstand i en jernbanekupé. Han brugte summer på den smed. Han lå vågen nætter ud for at spekulere på, hvorledes han skulle redde ham ud af den sidste klemme. Han gjorde rejser over det halve Jylland for at frelse ham ud af politiets kløer, når han i fuldskab havde slået folk til krøblinge. Han kom trækkende med ham gang på gang til Per Odgaard. En stor, flot laban, der blev sat til at smede ved Per Odgaards ambolt og opførte sig meget anstændig, mens han var under Ole Nygaards opsigt. Nygaard gav ham nyt tøj flere gange, men han kom aldrig så langt som forbi Langå, før det var soldet op og ombyttet med de argeste pjalter. Sådan fortsattes smedens "omvendelse" i alle de år, jeg har haft lejlighed til at følge forsøget. Om det nogen sinde lykkedes at plante afholdssagens stjerne ikke blot på smedens herkuliske bryst, men også i hans forsvirede hjerte, derom ved jeg intet. Men et henrivende lille menneske var Ole Nygaard, der sad trøstende ikke blot ved den sønderknustes leje, men også ved den hjælpeløst syges seng. Han har også siddet ved min mors og hørt hendes blide bønner, mens hans milde øjne fyldtes af tårer.

Inden jeg forlod egnen for at rejse til Askov, måtte jeg sige farvel til et ungdomsminde, der vel ikke ganske fortjener navn af kærlighedshistorie, men på den anden side vanskeligere kan komme ind under nogen anden rubrik.

Kvinder havde hidtil ikke spillet nogen overvældende rolle i mit liv. En kvinde kræver os helt, og jeg var så delt. Nogen stor erotiker har jeg aldrig været, vel sagtens fordi jeg altid har delt mig i så mange. Men min sans for kvindelig ynde og skønhed har været livskraftig fra de allerførste ungdomsår. Men jeg var nu nået hen over de tyve uden nogen sinde at have haft en kæreste. Jeg havde hidtil simpelthen ikke haft noget udpræget ønske i den retning. Men med den stærke følelsesspænding i mit sind, meldte trangen sig nu heftigere, og jeg havde da nu også den alder, da dette naturlige krav plejer at indfinde sig.

Ved mine "revolutionære" møder i Fly Skole, sad der altid på forreste bænk en høj, rank kvinde, der slugte mine ord, som jeg formoder med ørerne, men min person med øjnene. Det var en datter af det største hartkorn i sognet, i politik min argeste modstander, Per Bregendahl.
Men datteren var altså ikke helt af faderens mening. Hun forsømte ingen af disse lørdagsmøder. Hun hed Kamilla og var en søster til den Marie Bregendahl, der senere blev min hustru.

Hun holdt hus for faderen, der i mange år havde været enkemand, og jeg kom hyppigt i det hjem lige fra den dag i 1886, da jeg havde truffet Marie, som tidligere omtalt ved mit møde hos Per Odgaard. Marie rejste ud i efteråret 1886, og Kamilla overtog hendes plads i hjemmet og også i nogen grad i min opmærksomhed.

Hun var en stærk, lidt robust type, kendt som et fortrinligt regnehoved, også på det tidspunkt en overordentlig bogsluger, så vi havde mange ensomme drøftelser om vore fælles interesser, når alle andre var gået til køjs. Om kærlighed blev der ikke talt, der var næppe heller meget at tale om endnu, og for at der ikke skulle blive mere, tog den stejle kvinde den beslutning at indskibe sig for Amerika. Der var lidt af en flugt deri, men jeg havde ingen ret til at holde hende tilbage, da jeg ikke havde gjort mig rigtig klart, hvor lidt eller hvor meget jeg havde holdt af hende.

Jeg stod i natten på foden af den høje trappesten, på hvis top hun stod med korslagte arme. Hun var ualmindelig varm i kinderne og jeg også selv så sært bevæget, da vi gav hinanden hånden til farvel.

Først da jeg kom til Askov og kom til at tænke på, at i dag sejlede hendes skib ud af havnen, blev jeg klar over, hvor kær jeg havde hende. Jeg kendte ikke hendes adresse, og hun skrev først til mig år efter. Hun kom atter hjem; vi sås. Jeg kendte hende ikke mere. Hun var blevet både grim og metodistisk. Hun rejste atter til Amerika, giftede sig; blev ulykkelig og døde herhjemme i oprevethed og tungsind. Det var hende, jeg tænkte på, da jeg i "Arbejdets Glæde" tegnede datteren på Tidselbjærg, den skønne, trodsige Martha.

På Askov Højskole

Det var egentlig en mærkelig skæbne, der i oktober 1887 førte mig til Askov Højskole, efter at jeg i de to foregående år havde opholdt mig på Blaagaard. En sær, tosset baglæns-dans, der da næsten heller ingen rolle kom til at spille i mit liv; thi i personligheds- og karakterudvikling er addendernes orden alt andet end vilkårlig.

Jeg havde gennemløbet en ungdommelig brusende ungdomsudvikling, hvor alt stod i realismens tegn, nu blev jeg henført til denne romantikkens sikre borg og fæste, hvor halvfjerdsernes mænd aldrig blev nævnt uden skuldertræk. Realismens litteraturretning, og alt hvad den førte med sig, var her på Askov egentlig kun en slags skraldespand, i hvilken man slængte alt det, som ikke duede, eller som var de toneangivende til ubehag. Det var som at blive skubbet baglæns ind ad en forkert dør. Nylig havde jeg stået i den moderne tids stadsstue, nu befandt jeg mig pludselig i bryggerset.

Når jeg valgte at tage til Askov, kan jeg kun forklare mig det derved, at Per Odgaard og jeg gik og hægede om den misforståede idé, at min fremtid skulle leves inden for højskolens mure. Per Odgaard havde udset mig som ledende kraft i den skole, som han agtede at rejse et sted på sine grønne kløveragre.

Jeg var kommet hjem fra København, hvor jeg om sommeren havde taget præliminæreksamen, og befandt mig i en underlig rus. Jeg var ikke i besiddelse af 10 kroner, men fuld af en masse uklare ideer, der tangerede brandesianismen, uden dog endnu at have taget nogen fast form. Jeg var endnu ikke ganske fritænker, men så med ophøjet overbærenhed ned på al blødhattet grundtvigianisme. Jeg havde læst en del, men meget ujævnt og jappet, som ungdommens læsning er. Som en humlebi flagrer fra blomst til blomst, flagrede jeg fra bog til bog, sugede det enkelte værks sødme, kastede det fra mig og tog straks fat på det næste, men alt planløst og retningsløst, mere følgende et instinkt end en metode.

Som sagt: Sådan kom jeg en grå eftermiddag til Askov med et par lånte tikrone-sedler i lommen, uden at bekymre mig stort om, hvor de næste skulle komme fra.

Et højskoleophold var dengang en ret billig historie, staten gav 100 kr. i understøttelse, dobbelt så meget, tænker jeg, kom fra offervillige venner, og det slog til. Jeg levede bogstavelig talt fra hånden og i munden. Højskolens forstander var jo på det tidspunkt Ludvig Schrøder, en over alle grænser forgudet mand inden for grundtvigianernes kreds. Jeg må her bekende, at blandt offentlighedens mænd var han en af de mindst betydelige personer, jeg har mødt. Rent privat havde vi vist kun de to ord sammen: "Goddag" og "farvel", men jeg fulgte hans foredrag, for ikke at følge dem var ensbetydende med at blive vist bort fra skolen.

Nu var denne vinter en ganske uheldig periode i Schrøders liv. Han var lige valgt ind i Landstinget, hvor han i sin selvglæde havde givet sig adskillige blottelser, og var blevet forfærdelig ålet, bl.a. af Goos og Nellemann, - om jeg husker ret, for nogle ytringer, han havde ladet falde om trykkefrihedsloven. Når han var hjemme, holdt han foredrag om Den Romantiske Skole i Tyskland. Her haglede det med navne som Schelling, Schleiermacher, Fried. Schlegel, Henriette Hertz. Nu kunne dette emne have været gjort meget interessant, hvad Georg Brandes nogle år forud havde vist i sine "Hovedstrømninger", men Schrøder fattedes helt karakteriseringens ædle kunst, det hele flød hen i en ligegyldig grå masse, der intet steds fængede, og så fik det aldrig ende, da nævnte foredragsrække var beregnet på at skulle holde hele skoleåret ud.

Schrøder havde heller ingen evne til at tale med den enkelte. Han interesserede sig øjensynligt grumme lidt for den ungdom, han havde under sig. Havde de andre meninger end hans egne, hvad der var min skæbne, skulle der ikke meget til, før man blev stemplet som sort får. Sådan var skolens forstander, sådan var de fleste af lærerne. Nutzhorn, der havde historie, var en gemytlig gammel sludrebøtte, der bevægede sig i spøgefulde vendinger om Gorm den Gamle og Harald Blåtand, men talte så bredt om emnet, at han blev stikkende i det, om jeg husker nede hos Svend Estridsen, så man fik et yderst nødtørftigt begreb om danmarkshistorien. - En begavet mand og også en fortrinlig fremstiller af fysikkens og opfindelsens heroer, var Poul la Cour, til gengæld så ulidelig ortodoks, at hvert ord i Bibelen skulle gå foran al fysik. For at få det ord i skriften til at passe, at Gud satte regnbuen på himlen som et tegn på den pagt, der var oprettet mellem Noah og Gud Herren, var han parat til at omkalfatre alle lysbrydningslove, thi det var han dog klar over, at for at få stablet regnbuen op inden for historiens tid som noget, der ikke havde eksisteret fra skabelsens morgen, men var kommet til senere som et lunefuldt indfald af Herren Zebaot, måtte lysets brydninger have fulgt andre veje før Syndfloden end efter. Ikke sandt, en mærkelig naturvidenskabsmand, der tog den bibelske syndflod som en historisk kendsgerning. Han var også drivende sentimental. Der blev i det hele taget fældet mange tårer på Askov talerstol; la Cour var vel nok den, der leverede de fleste, skønt forfatteren Jakob Knudsen heller ikke var nogen sinke, om høns skulle vandes. I et foredrag om Bismarck græd han således hele tre gange, skønt emnet just ikke på forhånd syntes at opfordre dertil. Men la Cour kunne ikke holde det simpleste foredrag om fysik eller stjernehimlen eller hvad som helst, uden at tårerne strømmede ham ned ad kinderne ved tanken om Guds godhed mod syndere. Det kunne til tider blive ret smagløst. En aften talte han om sin afdøde første kone, som ingen af os havde kendt eller anede det mindste om. Han var dog ikke kommet ret langt frem i foredraget, før følelsen i den grad overvældede ham, at han måtte gå ned af talerstolen og bede sine tilhørere komme igen næste lørdag. Om han da havde styrket sit hjerte så vidt, at han kunne gennemføre programmet, mindes jeg ikke. Men hvorfor valgte manden dog så grådsvangre emner!

La Cour var en meget vidende lærer og også en såre velmenende mand. Det varede dog ikke længe, før jeg blev udpeget for ham som et fritænkerisk afskum, et skabet får, der gik og smittede hele folden med "mine brandesianske lærdomme". I Ludvig Schrøders fraværelse på Rigsdagen var la Cour blevet udnævnt til hans medforstander, så det blev ham, der sammen med fru Schrøder måtte tage affære, når der var noget i gære, og der var vist altid noget i gære, hvor jeg færdedes.

Jeg havde fået stiftet en diskussionsforening blandt eleverne, hvor vi drøftede alle de spørgsmål, der i tavshed blev forbigået i skoletimerne, sådan som darwinisme, georgisme, antimilitarisme og andre glødende problemer, der fyldte den frisindede presse og optog ungdommens sind. Jeg var den af eleverne, som vidste mest om de sager. I mit 20ende år havde jeg ret indgående kendskab til Charles Darwins værker i J. P. Jacobsens oversættelser, og jeg satte ingenlunde mit lys under en skæppe.

På selve skolen havde eleverne en almindelig diskussionsforening, hvor der drøftedes både det ene og det andet hver lørdag aften, men den var under stærk opsigt af skolens lærerkræfter. Lærerne deltog i diskussionen og kontrollerede emnerne.

Jeg yndede ikke at være under kontrol og dannede derfor min egen diskussionsklub, til hvilken jeg hvervede medlemmer blandt kvinder såvel som mænd. Vi fik lokale, om jeg husker, hos byens fotograf, hvor jeg boede, og her gik

det livligt til med kraftig drøftelse af alt det, der brændte i
os. Det var mest mig, der bar for. Det hændte også, at en
anden af de mere udviklede indledte. Det hele var en
harmløs bestræbelse for at vinde proselytter for vore me-
ninger og opøve os selv som debattører og beskæftige vor
ånd med andet end ungdommelig flirt og tom lørdags-
præk.

Denne uskyldige sammenslutning, som rummede nogle
af de alvorligste kræfter blandt skolens elever, var fra
første færd de ledende en torn i øjet.

Fru Schrøder dirrede af harme over mine oprørslyster.
Hun kaldte mig til sig og bad mig for Guds skyld opløse
denne farlige forening; jeg var stædig, jeg mente ikke, vi
foretog os noget, som kunne bringe den gode tone i fare.
Jeg elskede denne forening, hvor jeg mødtes med begave-
de ligesindede. Fru Schrøder tiggede og græd, hvad der
var "spildte Guds ord på Balle-Lars". Til sidst begyndte
hun at true, blandt andet sagde hun: "Havde min mand
været hjemme, ville han være kommet over Dem som et
tordenvejr." Da intet kunne hjælpe på den genstridige
oprører, blev jeg en aftenstund, sammen med andre med-
sammensvorne, kaldt hjem til Poul la Cour. Han gentog
omtrent det samme. Han advarede mig kraftig mod "ti-
dens nedbrydende tendenser". Det var blandt andet kom-
met ham for øre, at jeg i den nævnte forening havde ind-
ledt en diskussion om Darwin, også om Henry George;
men da det i samtalens løb kom for lyset, at videnskabs-
manden la Cour ikke havde læst en stavelse af Ch. Dar-
win, ligeså lidt som han kendte det ringeste til Henry
George, hvilke to forfattere jeg dengang kunne på mine
fingre, tabte jeg den sidste gran af respekt for den rigori-
stiske pædagog, der stod med den løftede pegefinger over
mit ungdommeligt krusede hoved. Der blev talt stærkt
om, at jeg skulle forvises fra skolen, jeg tog dog sagen

med sømmelig ro og fik også lov til at blive skoleåret til
ende.

Her på Askov så jeg første gang Jakob Knudsen, der
også var blandt skolens lærere, en endnu ung og smækker
mand, der vakte vor beundring ved at stå i korrespondan-
ce med selve Holger Drachmann. Han var en noget tung
foredragsholder, der altid valgte svære emner at tale over,
som Faust, Shakespeare eller Bismarck. Det var i hvert
fald ikke almindeligt, og det var Jakob Knudsen heller
ikke; bestræbte sig også en del for ikke at være det. Han
var med andre ord på det tidspunkt lidt skabagtig. Som en
rigtig digter led han selvfølgelig uhyre af Weltschmertz,
han sang gerne inde midt i foredragene, han havde en
smuk stemme, men flæbede lidt rigeligt i timerne. Han var
dengang øjensynlig i stærk gæring. Havde allerede skre-
vet sit skuespil "Cromwells Datter" med fortale af Holger
Drachmann. Ingen elev med selvagtelse blev borte fra
hans foredrag, men han levede nok et trist familieliv. Var
i ry for at være streng mod sine små drenge. Der var i det
hele taget noget dystert disharmonisk i hans naturel, der
både lokkede og frastødte. Jeg husker en aften, da han
havde inviteret mig og nogle andre kammerater op til sig
til lidt underholdning. Vi kom ind i hans studereværelse,
hvor der slet ikke var tændt lys, skønt det var bælgmørkt.
Vi skimtede ham henne ved vinduet, hvor han sad og
stirrede ud af ruden uden at mæle et ord. Han tændte ikke
lys, sagde knap nok et ord til os, blev ved at se ud af det
vindue. Det hele var såre pinligt. Kort efter gik vi meget
flove. Jeg besøgte ham aldrig siden på hans værelse.

Sådan kunne Sauls ånd komme over ham og kom vel
aldrig helt ud af kroppen på ham, så længe han levede.
Trods denne medfødte særhed var han alligevel den, som
jeg mindes med størst glæde, når jeg tænker på mine lære-
re den vinter. Der var et vildt poetisk sind i denne mand,

som især kom til orde, når han tolkede Shakespeare under mesterlig betagende oplæsning.

Det sidste glimt af Jakob Knudsen på Askov fik jeg den dag, vi brød op. Jeg havde sagt farvel til alle kammeraterne og lærerne og stod nu med vadsæk i hånd og kastede et sidste blik ind i den store foredragssal med de udskårne bjælker i loftet og den smukke oldnordiske talerstol. Mutters ene i den store sal stod hældet op til den sorte tavle Jakob Knudsen i et par solide bondetræsko og med en sort skindhue på hovedet. Tårerne fløed ham ned over kinderne, mens han gennem brillerne skævede hen på de unge menneskers stimen og støjen, hvor de under råb og farvel beredte sig til at spredes til alle landets hjørner og kanter.

Først mange år efter, da han for længst var blevet en berømt forfatter, traf jeg ham igen. Dog aldrig ofte, og nogen større brevveksling kom der ikke i stand imellem os. Han var jo alle sine dage en yderst konservativ mand, religiøs indtil sygelighed, så vi var i mange henseender fødte antipoder. Jeg husker, da jeg i efteråret 1904 på hans opfordring besøgte ham i Glostrup, at han i samtalens løb greb en bunke manuskriptsider, der lå på bordet, løftede dem i vejret med en god latter og sagde: "Her skal De se, hvad jeg har fået lavet i sommer, og hvad jeg venter mig en del af." Det var hans roman "Sind", som jeg synes er hans bedste bog. Han beundrede mine vers, men har et par gange korrekset mig for min prosa, som han dengang med rette fandt alt for spækket med fremmedord. Det var i det hele taget svagheden ved den brandesianske skole. Jeg skrev mig Jakob Knudsens kritik bag øret og tog mig bedre i agt i min efterfølgende produktion og gennemstrøg mine fortællinger i 2den udgave for at komme de fremmede ord til livs. Enhver, der vil lægge første udgave af f.eks. "Bondens Søn" ved siden af anden, vil straks opdage den kolossale forskel på sprogrenheden.

Han har tit udtalt sig meget rosende om mine digte. En aftenstund, da han ankom til Kloster Mølle hos min ven Tovborg-Jensen, trak han en ny bog frem af tasken og sagde: "Her skal De se noget. Det er sager!" Det var min dengang lige udkomne "Rugens Sange".

Han førte som oftest et meget strengt liv, med endeløst foredragshold til ganske små honorarer. Han blev umådelig tyk og meget plaget af gigt. Jeg har set et par bestyrelsesmedlemmer afhente ham ved toget, hvor de måtte hver have ham under en arm, mens han skreg vildt af smerte. Han skulle føres over skinnerne og hen til den åbne bondevogn uden for stationsdøren, der skulle trille ham gennem frost og sne, milelangt ud til et eller andet koldt forsamlingshus på heden. - Engang kom vi til at sidde over for hinanden i en jernbanekupé. Vi var begge på vej til forskellige møder, han sad en tid lang pustende og tavs på sin egen butte måde og stirrede med ikke alt for venlige øjne undersøgende på min sorte diplomatfrakke. Sin tykke egekæp havde han mellem knæene, sin flade bondehue på hovedet og op og ned ad hans vest og frakke, der dækkede hans opsvulmede skikkelse, var der strøet rigeligt med fedtpletter. Da han endelig havde gloet færdig, sagde han, uden at tage hænderne fra knortekæppens greb, og nikkede alvorsfuld mod min diplomat: "Ja, sådan skulle man vist klæde sig på, når man skulle ud at holde foredrag, så kunne det jo være, man kunne tage nok så meget for det!"

Den sidste gang jeg så ham var fra toget ved Birkerød Station, hvor han havde bygget et hus, et rigtigt husmandssted uden den ringeste stil eller forsiring hverken på mur eller gavl. Jeg kan ikke glemme den måde, på hvilken han bevægede sig hen ad vejen bort fra toget. Sin mægtige knortekæp havde han i hånden, men hvert øjeblik vendte han sig ligesom ildevarslende om imod det bortdampende tog, men alt på ham var tykt og leddeløst, så han ikke kunne kikke uden at dreje hele kroppen, mens han pamprede småtrippende ud ad fliserne. Han lignede et tungt fortids dyr, der er blevet skræmt af et eller andet og nu i hump og med rædde øjne flyer ind i skoven.

I hans velmagtsdage var det et ejendommeligt hoved, der sad på de kolossale skuldre. I de sidste år blev han et vrag, der forfulgtes af tvangsforestillinger.

Engang spurgte jeg Georg Brandes, hvad han syntes om Jakob Knudsen. "Jeg ved ikke," svarede Brandes med en ondskabsfuld grimasse, "han sveder altid så forfærdeligt!" - Det var jo ikke nogen meget udtømmende karakteristik, men der er vel næppe stor sandsynlighed for, at Brandes har haft meget tilovers for Jakob Knudsens moralske roman-postiller, der i format mindede ikke så lidt om deres forfatter.

Nogen særlig betydning kom denne min ungdomslærer ikke til at spille for mig, men engang imellem løftede han dog med en tung gestus en flig ind til poesiens land.

En anden af skolens lærere her på Askov bør heller ikke lades uomtalt. Det er Holger Begtrup, der var den yngste af dem og vist nok også den, der var nemmest at omgås. Han er den eneste, som endnu lever. - Der sad dengang en god glad dreng i samme Holger Begtrup. Han var på alder med de ældre af eleverne, havde derfor lidt svært ved at opretholde respekten. Når han kom ud fra en time, der tit var meget munter og altid mærket af hans enestående talelethed, kunne han allerede på trappen blive overdænget med snebolde. Det tog han aldrig fortrydeligt op, men kastede sig med iver ud i kampen. Det kunne hænde, at han og en af de kækkeste af angriberne rullede rundt i en snedrive under et fast rygtag. Det kunne der ikke bydes nogen anden af lærerne, dertil var de alt for højtidelige og stilfulde.

Begtrup var på mange måder en dygtig lærer, og især en brav kammerat. Han havde også fået fat i et stykke af den moderne tid, således holdt han en række foredrag om de store russere: Tolstoi, Turgenjev og Dostojevski, og gjorde det med megen liv og talekunst. Det var jo i disse år, at Brandes havde besøgt Rusland og Polen og havde holdt forelæsninger om disse landes litteratur på universitetet, og de tre digteres værker udkom i fortløbende bind hos vore mest ansete forlæggere og drøftedes flittigt både i selskab og i dagspressen. Jeg var dengang en ret flittig dyrker af Leo Tolstoi. Sådan slap der dog af og til glimt af den ny tid ind ad disse til daglig stærkt overkridtede vinduer.

Men mit livs hovedoplevelse på Askov blev dog Bjørnstjerne Bjørnsons besøg på skolen i efteråret 1887.

Bjørnson var bogstavelig talt at ligne ved en afgud hos den tids ungdom og ikke mindst her. Der gik ikke en dag, knap en skoletime, hvor ikke en af hans sange blev brugt som indledning eller afslutning. En del af os havde også læst enkelte af hans romaner, og hans bondefortællinger fandtes næsten i ethvert hjem.

Jeg mindes endnu klart som en af de skønneste stunder i mit liv, da Bjørnson nikkende og hilsende til alle sider kom op igennem vore rækker, der dannede to geledder i snedriverne foran den høje skoletrappe.

Her på trappen tog han plads et øjeblik med den flotte mørke skindbaret under armen, mens vi under Nutzhorns ledelse sang hans ny sang, som han havde sendt til os fra Paris: "Takt, takt, pas på takten, den er mer end halve magten! - "

Han var rigtig kåd og løssluppen i de otte dage, han opholdt sig på skolen, fortalte digt og skrøner over en lav sko, altid om sig selv og hvilken allerhelvedes karl han havde været alle vegne - i Norge og andetsteds. Hans latter skraldede ustandseligt mellem huslængerne i den klare frostsol. Fra han stod op, til han lagde sig igen, stod munden ikke på ham. Jo, ét øjeblik blev der tavshed; det var en middagsstund, han blev sat til bords med alle de

150 elever og skulle ligesom vi spise kærnemælkssuppe og klatkager, ja, da blev han tavs! Det har øjensynlig ikke været hans livret. Han sad ved Schrøders venstre albue i bænkkrogen med en uhyre serviet stukket sirligt ned under hagen som en savlesmække, mens Schrøder bad bordbøn. Den kåde fyr var pludselig blevet from som et påskelam, mens han sad ret op og ned som et lys og skelede ikke helt tillidsvækkende ud gennem brilleglassene.

Men han tog revanche om aftenen, da vi så ham inde i Schrøders studereværelse for åbne døre, mens alle vi unge lømler fik lov til at kigge hinanden over skuldrene for at lytte til de skrøner, som Dovregubben bragte til torvs. Han, Schrøder og Nutzhorn havde anbragt sig som en slags treenighed op mod væggen ud til haven. De mange tændte lys funklede i Bjørnsons briller. Det var som et profant træsnit af Gud Fader, Søn og Helligånd. Når Bjørnson gestikulerede, dukkede både Sønnen og Ånden hovederne for ikke at rammes af digterens arme, der hvirvlede som møllevinger.

Det, han væsentlig fortalte denne aften, var nogle vidunderlige fantasistærke digte af Victor Hugo, som han lige havde oversat, og som han lagde megen farve på. Et udvalg kom mange år efter som bog, men de var meget skønnere i Bjørnsons mundtlige gengivelse, og en hel række af den aftens smukkeste genfortællinger efter den store franskmand har jeg aldrig set på tryk, så de er kanske gået i graven med deres geniale oversætter.

Men han var ikke hele tiden poet. Han kunne være såre prosaisk også. Han bandede, så der stod blåner af det, og den sippede fru Schrøder kom ud i køkkenet og jamrede til pigerne: "Jeg kan ikke være derinde længere, Bjørnson bander så forskrækkeligt." - En morgen kom han styrtende over gården ind imellem en flok elever, der stod inde i et rum med tjære på væggen. Bjørnson råbte til den forbavsede ungdom, så det klang mellem husvæggene: "Sig mig, gutter, er det her man pisser?"

Han kunne aldrig hitte ud af dørene, når han kom i skolegangen. Det skulle jo altid gå som et stormvejr, og da der var fire døre, hvoraf kun den ene førte ind til Schrøders, tog han næsten altid fejl. Han kom ude fra gården, op ad trappen og ind gennem elevernes skarer som kaskelotten, der kløver en sildestime, vi gjorde os flade op ad væggene for at give plads. Et øjeblik stod han så midt i gangen og vred kroppen i fortvivlelse til alle sider, imens han råbte og pegede: "Er det den dør dér, eller den dør dér?" Han mente, om det var døren ind til forstanderen. En stor bred bornholmer stod foran Schrøders dør, hvor Bjørnson skulle ind; ham greb han i skulderen, løftede ham til side og råbte: "Væk fra døren, De dér!" Da han så knøsens dybe forfjamskelse, klappede han ham på kinden og sagde: "Snild gut, snild gut!" inden han forsvandt, mens døren smældede.

Fra skolens talerstol holdt han foredrag for os om Gambetta. Jeg husker, han ville gøre en sammenligning om arbejdslønnen i fabrikkerne ude og hjemme og kom til at bruge udtrykket fire francs, og for at gøre det mere begribeligt for os ville han omsætte det i danske penge; men Bjørnson var næppe nogen stor regnemester. Han stod og regnede i hovedet, "4 francs, 4 francs - det er, det er" (og så ned mod sin kone neden for talerstolen): "Hvor meget er 4 francs, Karoline?" og vi elever brast i skoggerlatter.

En dag, da vi var samlede med Bjørnson som centrum i skolens gymnastiksal, gik Jakob Knudsen i en pause frem for skjalden og spurgte, om han ikke måtte have lov til at give ham en prøve på jysk digtning. Bjørnson nikkede, og Jakob Knudsen fremsagde da uden bog St. Blichers "Æ Ståhkelsmand" fra E Bindstouw. Bjørnson så just ikke grebet ud. Han forstod næppe en glose af den lange empe. Da Jakob Knudsen var færdig, var Bjørnsons eneste tak en vred drejning på stolen, et slag med hånden og en mankerysten efterfulgt af dette ene: "Dette er ikke poesi!"

Nu var Jakob Knudsens fremsigelse af det jyske ikke videre fremragende. Han havde en egen mut og monoton form uden ringeste modulering af stemmen. Det var hans orm at ville være særlig kyndig i de jyske dialekter; men sandt at sige: Han magtede dem ikke. Det viser også hans eget forsøg: "Den føst' af de catilinariske Tåler". - Der er et godt anslag, men resten er en ørken af kedsomhed og monotoni.

Og ville han nu endelig have givet den store nordmand et begreb om jydernes fløjmand, var valget af emne så uheldigt som vel muligt. - "Æ Ståhkelsmand" er så intim i sin jyskhed, at den altid lader den ikke-jyske sidde som måbende uforstående. Og det var en rolle, der øjensynlig ikke tiltalte Bj. Bjørnson.

Bjørnson skrev i de dage på sin tale om engifte og mangegifte, som han siden drog rundt med i hele Norden og for øvrigt holdt første gang her på Askov for eleverne og egnens folk, så mange som kunne rummes i foredragssalen. Men han var i stor vånde med at få talen lært udenad. Han gik ensomme veje i vintersneen, og når han kom hjem, slog han sig med knyttet næve for panden og skreg: "Her må jeg gå og puke som en skolepog!" - Men da han havde været Danmark rundt og igen en dags tid holdt hvil på Askov, var de første ord, han jublede: "Tænk, nu har jeg betalt 10,000 kr. ud af min gæld!" Entreen var alle vegne 1 kr., hvad man dengang syntes var forfærdeligt. Husene havde dog overalt været stopfyldte, hvor han kom, og smålig var han ikke. - I Kolding holdt han således et møde, hvor han lod hele indtægten - 1200 kr. - gå til sønderjyderne.

Mødet med Bjørnson bragte alt andet i skygge; ja, uden det ville mit ophold på Askov knap have været værd at mindes. - Med ledelsen stod jeg, som tidligere fortalt, slet;

så når Schrøder senere benævner dette skoleår som fimbulvinteren, der går foran ragnarok, må skylden herfor væsentlig falde på min kappe. Askovprogrammerne blev i de følgende år ved at kredse om denne skolevinter, som et unikum af oprørsånd og løssluppethed og tog sine forbehold imod gentagelser i rigoristiske bestemmelser, der forbød enhver samling af eleverne uden for skolens lokaler.

Jeg hilste aldrig på Schrøder mere, skønt han først døde i 1908.

Jeg har langet en del ud efter hans skole i min roman "Arbejdets Glæde", thi det vil jeg ikke fragå, at det væsentlig er Askov og mine oplevelser der, der er tænkt på i de kapitler, der drejer sig om Vistis højskoleophold. Hvor skulle jeg ellers have hentet det?

På Askov kunne man kun befinde sig vel dengang, hvis man lå på knæ for skolens forstander, men Schrøder kunne jeg ikke lide og har aldrig formået at finde ud af, hvad der var det store ved ham. Han må formodentlig engang i sine yngre dage have været anderledes, mere veltalende, mere begejstrende i sin fremstillingsform.

En søndag formiddag, da han stod på talerstolen, gik der virkelig ild i ham. Han talte om "Paulus med skødskindet" på en så ildnende måde, at jeg uvilkårlig så op på den sorte mand og studsede, men ellers var hans tale gennemgående grå og trættende.

Som eksempel på hans velkendte snobberi, skal jeg lige nævne et eneste træk. Den berømte grosserer Tietgen havde aflagt skolen et besøg; nu havde man kørt ham til stationen i Vejen. Schrøder ville vise sig høflig mod sin høje gæst ved at gå hen og købe billetten til ham. Han havde heller ikke noget imod, at stationens kontorpersonale fik at vide, hvilken stor og anset mand højskolen havde huset. Han bøjede sig derfor ind ad billethullet og råbte: "Må jeg få en 2. klasses billet til hr. geheimeetatsråd Tietgen." Stationsforstanderen, der var en gammel konservativ og ikke nogen elsker af højskolen, svarede omgående: "Jeg er sgu ligeglad med titlerne, når bare jeg får at vide, hvor manden skal hen."

Jeg ved overhovedet ikke, hvor tit Schrøder hin vinter fik indflettet i sine foredrag den vending: "Det var det år, da skolen havde besøg af digteren Goldschmidt."

Skolen var i 1887 lige begyndt som fællesskole med karle og piger under samme tag, dog kun så længe som der holdtes foredrag, og altid således, at spindesiden ligesom i kirken sad pænt til den ene side af midtergangen, karlene til den anden. Denne "revolution" i skoleplanen skabte skolens ledere, især da skolemoderen fru Schrøder, mange søvnløse nætter. Der blev holdt skarp opsigt med, at ingen mandlig luskepeter gik på lur i haven eller andetsteds efter mørkets frembrud, men ungdommen vidste jo alligevel med sin sædvanlige "gesnedighed" at finde sammen, og den mindste overtrædelse i den retning kunne få Askov til at rejse sig på fire gloende pæle. Vi syntes jo, det var lidt mærkeligt, at de ville gøre sig alt det besvær med at samle de to køn under samme paraply, når de rystede sådan i bukserne for, hvad der kunne hænde, om der gik ild i krudtet. Fru Schrøder og hendes nattevagt har sikkert hyldet det gamle rim:

> "Manden er tønder, kvinden blår.
> Fanden ild i dem begge slår."

Der blev dog ikke slået nogen ild til fordel for mig. Her var mange søde og interesserede unge kvinder, som jeg tyveårige godt kunne have været bekendt at forelske mig i. Det skete ikke.

Jeg var måske den, der stod hyppigst på diskussionsaftenernes talerstol. Jeg udviklede her en forbløffende talerfærdighed, en lethed i at tumle med alle problemer, bidsk og slagfærdig havde jeg da endelig også ord for at være. På talerstolen var jeg rigtig i mit es. For så vidt kan det jo godt siges, at Askovopholdet har været af betydning for mig. Jeg fik også en hel del kammerater både blandt kvinder og mænd. Ingen der dog kom til at spille nogen afgørende rolle i mit liv, de fleste er senere havnet i reaktionen, mens jeg fulgte min egen linje. Her var et par senere højskoleforstandere som Rasmus Nielsen, Særslev, og Thøger Dissing, Vejstrup, også Andr. Thøgersen Grønborg, et par rigsdagsmænd som P. Th. Nielsen og sønderjyden Kloppenborg-Skrumsager, her var også statsgeolog Milthers, mangeårig formand for Den Københavnske Højskoleforening. På kvindesiden var her den bekendte kgl. skuespillerinde Sigrid Neiiendam (f. Andersen), allerede dengang en stor gavtyv, der kunne springe op på en bordende og synge en vise, overgiven og lystig, altid fuld af spøg og latter og lyst til at give scener. Men jeg tabte ret snart forbindelsen med dem alle. Livet greb os hver især og drev os ind i forskellige religiøse og politiske båse, og intet i dette land skiller som politik og religion. Folketingsmand, afdøde P. Thomsen-Nielsen, der engang var en af mine bedste venner, ligeså ungdommelig rød og radikal som jeg selv, blev som moden mand en af moderationens solideste støtter, men da jeg engang besøgte ham i hans fødegård i Hårby ved Skanderborg (det var i provisorieårene), førte han mig hen til sit chatol, og fra et hemmeligt rum udtog han en revolver af solid kaliber. Han gjorde fagter med den i luften, viste hvordan den skulle lades og spændes. "Det var pokkers," sagde jeg, "er du sådan kommet med på noderne." Det var dengang bønderne tænkte på oprør mod Estrup. "Skal den bruges mod provisoriemændene?" spurgte jeg. Han svarede med et nik, der fremhævede hans determinerede underbid. Inden han døde, kunne han ikke få sine standsfæller moderate nok.

Som ham gik det de fleste af mine kammerater fra Askov-tiden, men der var mange kære, friske gutter iblandt dem, mens vinterhalvåret varede, altid oplagt til en diskussion og en god spøg. Dem mindes jeg med glæde, dog mere i samling end som enere. Ellers var det bedste ved hele skolen fællessangen af Højskolesangbogen. Vel 20 gange sang vi i løbet af skoledagen. Vi sang også før og efter enhver regnetime. Hvor lød den løftende og betagende, sangen, derinde under det brune, smukke bjælkeloft, hvor hundrede og atter hundrede blonde bondehoveder vuggede i takten af de bjørnsonske sange eller Grundtvigs højtideligt rungende salmetoner! Det var virkelig en værdi og en berigelse, jeg den dag i dag er taknemlig for, og som endnu i erindringen toner fjernt og betagende for mit øre.

Af min vidtløftige brevveksling med Marie Bregendahl i disse Askovmåneder kan jeg se, hvilken åndelig gæring og vækst jeg har været i. Det var årene før Bj. Bjørnsons store sædelighedskamp mod Brandes og hans mænd; min sympati var i udpræget grad på Bjørnsons side, mens Marie Bregendahl halvt ubevidst forsvarede det modsatte standpunkt. Der gik breve imellem os som afhandlinger; et af mine var på 34 sider! Ungdommen har jo tid til det, og det var endnu min eneste form for produktion.

At mit naive trosforhold allerede på dette tidspunkt var ved at skride ud i undergrunden, derom vidner følgende dagbogsoptegnelse fra sommeren 1887:

"Til min tro.

Tak for følgeskab til denne dag; tak for, at du lyste for mig til nu; du kan ikke længere. Tak for hver bøn, min mor bad over mig. Tak for Fadervor og salmesangen. Jeg kan nu ikke længere hjælpes dermed!"

I et langt brev til Marie om Bj. Bjørnsons besøg på Askov hører man tydeligt min vånde, idet jeg citerer digterens tale:

""Da jeg havde måttet slippe min kristentro og kom ud blandt de norske bønder, da følte jeg, at de elskede mig endda, og det føler jeg, at De også gør." - Da han nævnte det med kristentroen og de norske bønder, der elskede ham, da hulkede Bjørnson, og der var en underlig stemning i salen. kvinderne græd, og mændene stod blege og stirrede. Mig synes det så tungt, at denne sjældne, rettænkende, ædle mand, der delte alle gode håb og fortrøstninger med os ellers, ikke kunne dele det store, lyse håb med os, der knytter sig til Kristi navn. Han, der rummer denne store kærlighed og ejer et så glad, kæmpekækt sind - at han skulle stå der så savnfyldt, stå der og græde ved mindet om sin barnetro, der nu var tabt for ham, å, hvor tungt det var at være vidne til! At kunne give den mand sin barnetro tilbage, hvor ville det ikke føre glæde til hans sjæl og berige hans sangåre, så det sprudlede endnu mere kvikt og klart. Af alt hvad ondt jeg må friste, lad mig dog aldrig miste min barnetro! Intet menneske er lykkelig uden den. Ja, måtte jeg beholde den uskadt, men det er tit, som ville den svigte mig, som ville den tage til at gå under for mig, men kunne jeg rigtig komme til at bede Gud om lov til at beholde den, bede ret ømt og mildt og barnligt og kækt op mod Guds ansigt, mon jeg så ikke nok fik lov til at beholde den, da jeg ønsker det så inderligt! (Askov 14. novbr. 1887)."

Samme grundstemning kommer til orde i det lille digt "Hvad gør det", som jeg skrev på Askov i én af kammeraternes poesibøger:

> Hvad gør det, at vi hånes
> og jages fra plet til plet,
> når inde i hjertets kamre
> det hvisker, at vi har ret.

Hvad gør det, at man mærker
vor dåd med det ondes navn,
når hele vort væsens attrå
står efter at gøre gavn.

Hvad gør det, at vi slettes
af menighedstavlen ud,
når hjertets reneste længsel
om kvælden går op mod Gud.

Hvad gør det, at vi synker
med byrden, livet os gav,
når det lille lys, vi tændte,
må flakke over vor grav.

Hvad gør det, at vi glemmes,
når livet her er forbi;
de kommer langt større efter
med stærkere tro end vi.

Ak ja, ens barnetro! - Men troen må vel som alt andet skifte med væksten og den modnere alder.

Skulle ikke det viseste, der er sagt om den ting, være de ord af Paulus:

"Da jeg var et barn, talte jeg som et barn, tænkte jeg som et barn, dømte jeg som et barn; men da jeg blev mand, aflagde jeg det barnagtige."